本丛书是国家社科基金重大项目
“六百年徽商资料整理与研究”（13&ZD088）阶段性成果

商界巨贾

SHANG JIE JU GU

张　恺◎著

安徽师范大学出版社
·芜湖·

责任编辑：孙新文
装帧设计：任　彤

图书在版编目(CIP)数据

商界巨贾/张恺著. —芜湖：安徽师范大学出版社，2016.1

ISBN 978-7-5676-2261-6

Ⅰ.①商…　Ⅱ.①张…　Ⅲ.①徽商—人物研究　Ⅳ.①K825.38

中国版本图书馆 CIP 数据核字(2015)第 274794 号

本丛书由 **安徽江南徽商研究院** **安徽五福文化产业发展有限公司** 资助出版，特此致谢！

商界巨贾

张　恺　著

出版发行：安徽师范大学出版社
　　　　　芜湖市九华南路 189 号安徽师范大学花津校区　邮政编码：241002
网　　址：http://www.ahnupress.com/
发 行 部：0553-3883578　5910327　5910310(传真)　E-mail：asdcbsfxb@126.com
印　　刷：浙江新华数码印务有限公司
版　　次：2016 年 1 月第 1 版
印　　次：2016 年 1 月第 1 次印刷
规　　格：700×1000　1/16
印　　张：13.5
字　　数：182 千
书　　号：ISBN 978-7-5676-2261-6
定　　价：29.80 元

总　序

徽商是指历史时期(主要是明清时期)徽州府六县(绩溪县、歙县、休宁县、黟县、祁门县、婺源县)的商人所组成的松散的商帮集团。

徽商走出丛山，奔向全国，向以从商人数众、经营行业多、延续时间长、活动范围广、商业资本大而成为历史上的一个著名商帮。徽商的出现，在中国历史上是一个非常重要的现象，更是一个奇迹。

六百年徽商，对我国封建社会晚期的政治、经济、文化、社会等各个方面都产生了重要影响，它已引起中外很多学者的高度重视。

自从20世纪80年代以来，学术界就出现了“徽商研究热”，学者们从不同角度、用不同的方法研究徽商，研究成果层出不穷，研究水平不断提高，大大深化了我们对徽商的认识。随着徽商研究的深入，人们越来越感到，徽商精神是我们当今社会宝贵的财富，进一步发扬徽商精神，对于我们今天繁荣社会主义市场经济、构建社会主义和谐社会，有着重要的现实意义。

徽商研究虽然取得了丰硕成果，但是这些成果基本上还没有走出学术圈，社会大众对徽商还是知之甚少，他们对徽商的了解基本上还是通过一些传说故事、电视小说而获得的，而这些往往是不准确的。

历史上的徽商究竟如何？徽商是怎么发展起来的，又是怎么衰落的？徽商做出了哪些贡献？我们今天从徽商那里应该学习什么？我们觉得应该在广大群众中大力普及徽商知识，弘扬徽商精神，传播徽商正能量。为此，我们编写了这套丛书，共有八本：《第一商帮》《贾而好儒》《经营之道》《仁心济世》《商界巨贾》《无徽不镇》《徽商故事（明代）》《徽商故事（清代）》等，分别从某一侧面较为详细地展示徽商鲜为人知的地方。为了便于广大读者阅读，我们力求做到科学性与可读性相结合，运用通俗的文字表达出来，同时配有大量插图和照片，以帮助读者进一步了解徽商。

丛书之所以命名“解码徽商”，就是要将历史上徽商的真实情况介绍给广大读者，因此全套书的写作都是严格依据史实来编写，即使是徽商故事，也不允许杜撰，而是完全有史实根据的。

习近平总书记号召，要大力弘扬中国传统文化。徽商精神也是中国传统文化的一部分，我们希望通过这套丛书为响应习总书记的号召做出我们微薄的贡献。

王世华

目　录

浆染巨商数阮弼

盐、茶、木、典是徽商经营的四大主要行业，但徽商也经营粮食、棉布、丝绸、纸墨、陶瓷、浆染等行业。而提起浆染业，徽州商人中要数明代中叶的阮弼最著名了。他以精明的头脑，干练的能力，为人正直、富有侠义的精神，在家道中落之时，远走芜湖，创立了旺盛的浆染事业，给史册留下灿烂的一页。

家道中落思变革

阮弼，字良臣，号石泉，生于明代弘治十七年(1504)，家庭世代居住徽州府歙县岩寺镇，祖上家境殷实富裕，在当地颇有盛名。但是，偌大的家业传到阮弼的父亲手上时，却逐渐走向下坡路。阮弼的父亲是一位忠厚正直的儒生，为人尚义，对邻里乡亲有困难上门求助的人，他都不会袖手旁观，依靠祖上留下的资产，尽力给予帮助，于是善名远播，远近皆知他是位救人于危难的大善人。然而他并不善于经营家业，周济邻里又没有节制，家道便渐渐没落。不过，即使阮家已经到了没落的地步，还有一些告急的人上门求助。此时，阮家已没有富余的钱财了，阮父就把家里值钱的物什拿去典当，得些钱来予以应付。久而久之，一个富裕之家便到了家徒四壁的境地，有时自家还要借钱度日。面对阮家落到如此光景，那些受过阮家恩惠的人却很少伸出援手，还有很多人觉得阮弼父亲的行为是愚蠢的。作为阮家的传人，阮弼很不甘心，他要改变家庭现状。

阮弼自幼聪慧，才上学堂不久，就能“日记数千言”，连他的同窗好友、日后成为大司徒的鲍道明都自愧不如。可是他阮家已然败落，连学费也交不起，遂不得不弃儒辍学，另谋生计。阮弼曾试图学医，可是当地医生本来就很多，即使学成，也难以立足并维持生计。连番受挫的他无可奈何，只能对天长叹：“我想成为良士，奈何没有学费去从师，怎能成为良士呢？我想成为良医，可是医生要经过多次历练，一次不成功就将会杀人，又怎能成为良医？”他一直苦闷在心，一时也没有想到好法子。不过，他也注意观察周邻的人，见有许多外出经商的都寻到了出路，便思考着，我何不也先出去闯荡一下，说不定会天赐良机呢？于是阮弼找到父亲，说：“父亲大人，你看同乡的人都外出经商为生了，我们家虽有几亩薄田，却是耕种也没有多少收获的，你我父子都不善于耕耘，每年的收成也只能勉强糊口，况且我们家还有多年积欠的债务没有偿还。难道宁可坐在家中受困，也不想另谋出路么？像这样长此以往，我们何以翻身呢？儿子请求父亲为我准备一点本钱，我要闯荡四方，出去经商，假以时日，或许能够重振家业。”听儿子这样一番推心置腹的话语，识事明理的父亲连连点头称善，随即变卖一些田产，给阮弼作经商本钱。阮弼当即含泪拜别父母，背上行囊，只身来到江城芜湖。

奋起芜湖立家业

芜湖濒临长江，位于长江与青弋江交汇处，水陆交通都十分方便。顺水路上可去汉口、重庆，下可到南京、南通；而陆路上可去庐州、徐州，下可到宣州、徽州，因此是东西南北皆通达之地。所以这里素来“舟车辐辏”，商旅云集，五方之人杂居，市场信息灵通，物产富饶，是江淮地区重要的商业都会，许多物资都在这里集散。然而到了元朝末年，战乱不断，烧杀抢掠，损失惨重，兵火过后，芜湖城内仅剩 83 户人家，全县一年所纳的税粮只有 17 石。不过，经过明朝初年短暂的休养生息之后，芜湖又恢复了昔日的繁荣。到明朝中叶，全国形成了五个大的手工业中心，芜湖便是其中之一，这些手工业中心分别是松江的

染　坊

棉纺织业、苏杭的丝织业、铅山的造纸业、景德镇的制瓷业和芜湖的浆染业。而芜湖能成为全国重要的浆染中心，徽商阮弼在其中功不可没。

阮弼选择芜湖作为重整家业的目的地，不仅因为这里交通便利、信息灵通，适宜经商，而且因为这里距离徽州较近，进可攻，退可守。如果经商顺利，便可以芜湖为基地，利用长江便利的交通，转贾于四方。万一失利，也不会坐困异乡，可以重返家园。

阮弼来到芜湖，在族人、同乡的帮助下安顿下来。初来乍到，他对这里的市场行情一无所知，不知道从事什么行业才能在芜湖安身立命。一连数日，阮弼都游走在芜湖的商业繁华区——十里长街。这里店铺林立，百货鳞集，一派繁荣景象。供吃食的有米店、饭馆、酱坊、豆腐坊、糕点坊，供穿戴的有丝绸布帛店、头巾店、金银首饰店，供日用的有山货铺、剪刀铺、秤铺、铁作铺、浆染铺、香料铺。此外，还有灯笼店、纸张店、香烛铺、爆竹铺、箩头行、轿行、斛行、靛行、红坊，以及数不清的坐摊行贩，衣食住行各色商品琳琅满目。经过多日的走访考察，阮弼了解到芜湖各行各业中以浆染业最为走俏，但其中染色纸业尚无人从事，而且市场需求量大。阮弼很是兴奋，欢呼道："这就是我想要从事的行业啊！"

确定了目标，接下来就是如何着手经营的问题。当时客商是不允许与作坊主直接联系的，若要采购商品，必须通过牙商来完成。所谓牙商，就是市场中为买卖双方说合交易并抽取佣金的中间商人。若要成为牙商须得到官府的认可，并领有盖官印的牙帖。成为某一行业的牙商，在这一行业中就有话语权。当时各行业已经都有了牙商，唯有小幅薄纸方面还没有牙商，于是阮弼花了许多钱，托与官府亲近的族人、同乡疏通关系，领到了牙帖（充当牙商的许可证），成了染色纸业的牙商。他的商旅生涯便从这里起航了。

领得牙帖后，阮弼与一众同乡、族人商议，筹集货款，最终决定把牙行开设在十里长街。当时这里有四五家染色纸作坊，牙行开在此，方便生意的进行。牙行其实就是交易所，通常牙行前门设有柜台，供牙人和客商谈生意。阮弼的牙行背靠青弋江，打开门就是这条长河，过往的商船停靠在后门便能装货，十分便利。阮弼具有儒家风范，做生意重视然诺，讲求信誉，价格公道合理，童叟无欺，又能兼顾客商与作坊主双方利益，故每次生意都让客商和作坊主心悦诚服。而每成交一笔生意，他作为牙商，都能获得一份不错的佣金。日积月累，已经把原有资本翻了几番。在生意交往过程中，阮弼进一步了解到染色纸潜在的巨大市场。自古以来，中国民间形成了许多节庆日，除了春节、清明、端午、七夕、中秋等外，还有上元节、春社、花朝、寒食、上巳、浴佛、升社等。每逢这些节庆日子，许多地方大都会张灯结彩，热闹非凡。灯彩的材料，只有少数富贵人家才有钱使用彩绸绢缎，大部分普通人家则用彩纸替代彩绸绢缎。染色纸比不上彩绸华丽，却胜在物美价廉、五彩缤纷，也便于裁剪做成花样，就是时常换新也耗费不多。遇到婚嫁之事，自然需要大量染色纸来增添喜气。就是丧事对染色纸的需求也很大，如用竹子和彩纸扎糊一些房子、衣柜、箱笼和轿子等，然后在坟地里烧掉，以供故去的亲人到另一个世界里享用。面对如此巨大的市场需求量，阮弼的生意越做越好，做生意的办法也越来越多。他曾经亲自去往南京拓展市场，与南京的几家染色纸店议定，由他直接供应染色纸，并送货上门，省去客商这个中间环节，利润一下子提高了好几倍。

就在阮弼生意蒸蒸日上时，他遇到了事业上的瓶颈期。每次一单生意做下来，他要支付转运费、工人劳务费等各色费用，末了还要给合伙的商人们分红，这样下来，自己所得的利润虽有数倍，然大部分的利润则为作坊主所得。阮弼便自己谋划道："这染色纸行业的巨大利润，既然浆染作坊主得的多,我何不也改行呢?”

打定主意,阮弼即在长街上租赁房屋,开办起浆染坊局来,还延请浆染高手当师傅,指导工人染纸。阮弼懂得质量是商品的灵魂,因此他在染纸中讲求质量第一。他生产的染色纸有两道工序,第一道是提纯,就是将原纸漂白,去掉上面的杂质;第二道是上色,用上等染料给漂白过的纸张上色。经过这两道工序生产出来的染色纸,着色均匀,色泽鲜艳。而普通浆染作坊生产染色纸不漂白,直接上色,使用的染料质量也不是上乘货色,这样生产出来的染色纸粗糙没有光泽,无法与阮弼生产的染色纸媲美。不仅如此,阮弼还追求薄利多销,他的染色纸价格便宜,真正的物美价廉。于是一时间,他的产品几乎占据了芜湖染色纸市场,且逐渐成为品牌商品,不仅芜湖城内居民争相购买,其他地方的染色纸商人也云集芜湖,采购阮氏的染色纸。通过商人们的辗转贩运,阮弼生产的染色纸销售遍布吴(江苏)、越(浙江)、荆(湖北)、燕(河北)、豫(河南)、齐鲁(山东)等地。他还在一些商业要津之地设立浆染分局,直接生产销售染色纸,如此便减少了长途运输带来的不便,也降低了成本,提高了利润。

芜湖中江塔

阮弼在染色纸生意如火如荼之际,又进一步涉足染布行业。他在操作中,依旧精选原材料,并在加工的色布上标明字号图记,以提高信誉;又以高薪聘请技术高超的浆染师傅,致使其他作坊的浆染师傅纷纷跳槽。于是失去浆染师傅的作坊便纷纷倒闭，幸存的作坊也无力与他竞争，都听命于他。这样，同行业便奉他为祭酒。所谓祭酒，就是同行商人所推举的、得到官府认可的管事人和领头人。他成了身兼作坊主、牙商、客商和坐贾多重身份的大商人，整个芜湖的浆染业的生产、销售都在他的掌控之下，市场与价格的升降盈缩莫不受他的影响。众商贾对他的尊崇，就像小溪流尊崇东海一般，奉之为王，纷纷依附。

抚亲助邻行侠义

多年的奋斗经营，阮弼终在浆染中心芜湖打拼出一片天下。此时的他可以衣锦还乡，奉养父母，提携兄弟，扶助族人了。

芜湖距离歙县有五百里之远，沿途且多崇山峻岭，山路崎岖，来往多有不便。多年来业商在外，不能侍奉在父母跟前，阮弼心里很是愧疚，于是他用车把父母接来芜湖奉养，共同生活。他又请父母让他为两位弟弟娶妻纳妇。这些事做完后，他又把自己的财产均分为三，兄弟三人各得其一。父母亲对他的举动自然欣慰，但也不忍他将经营多年的产业被这样分割，便劝阻道："儿子，你不可以这样，这些都是你胼手胝足，多年辛苦打拼来的。你的两位兄弟，有幸能在你的照顾下衣食无忧，就已经足够了，怎么还可以平分你的财产呢？"他的两个弟弟也坚持辞谢道："大哥一人独自辛劳，却让我们坐享其成，这样不好。就算大哥你不居功，我们怎么敢均分你的财产？"阮弼却依然坚持自己的意见，说："不！离家前我曾说过，有朝一日过上好日子了，我们兄弟三人要共同富贵。我是不会食言的！"父母兄弟见他心意已决，也就不再推辞。最终，阮弼将财产等分三份，兄弟三人富贵与共。

这件事传开后，有位拜访的客人不禁为阮弼感到惋惜，见四下无人，就在阮弼耳边悄声说道：“我知道长公您兄弟三人感情深厚，如果您的两位弟弟善于经营，等分财产的方法是很好的。但恕我直言，您的两位弟弟不善营生，不像您这样勤俭持家，您若是顾及兄弟情义，可以分给他们少许钱财，让他们衣食无忧就好，大可不必等分财产啊。”听了这话，阮弼很不以为然，在感谢他的好意后，说：“我听说财产平均分配合理，兄弟间就没有贫穷，所以我要均分财产；上下和睦，就会家和业盛，人丁兴旺，全家上下也就会为了这个家共同努力。这件事已经定下了，你就不要再多说了。”

然而事实上正如那客人所说，阮弼的两位弟弟都碌碌无为，而且很早就去世了。但阮弼没有置两位弟弟的家人于不顾。他三弟只生有一个女儿，他丝毫没有怠慢，精心将她抚养成人，还为她挑选优秀的良家子弟，用她父亲所遗下的资产为她置办妆奁，让她风光出嫁。他的二弟留有两个儿子，他对他们像自己的亲生儿子一般抚养；两位侄子也像对自己亲生父亲一样孝顺阮弼。等到两个侄子长大成人，阮弼就把他们带在身边经商，让他们在商场上历练，培养他们的经商能力。

当初，阮弼是以徽州歙县为故园，以芜湖为发祥地，他也往来于歙芜之间。后来随着事业的大大兴旺，他接来了父母兄弟，便在芜湖城内建起了自己独立的家园，既建了邸舍百间以给家人居住，又置买田地以作长期生活的基础，还开凿了宽大的池塘以养鱼捕鱼，并建立菜园果园以收获瓜果蔬菜，可以说生活上的大部分物资不须向外界索取就可以自足。内外所需的佣人、雇工有上百人，还制定了部署和调度他们的规章制度。可谓是一个小小的独立王国。

阮弼也继承了父亲的侠义心肠，所以诸位亲戚，以及左邻右舍，都来芜湖投靠阮弼，以前与他交好的一些朋友及子弟游历到芜湖，也经常登门拜访。阮弼对这些登门者，无论贫富贵贱，他都赤诚相待，真心结交。凡是想要读书求取功名的，他就出钱供他们读书，帮助他们走儒生之路;有经商才能的人,他即引导他们从事商业;如果想独立经营的,阮弼则借钱给他们作为资本,只收取一点很低的利息,甚至不收取利息。阮弼对宗族亲戚朋友总是宽容为怀,有人做错事了,他并不疾言厉色予以责骂,而是善言规劝;有人做了好事的,他就鼓励他们再接再厉;有困难需救济的,他总是义不容辞;有违背言语而发生纠纷的,他则出面为他们排解;引起诉讼的,他则为他们平息,所作出的意见务使双方都能接受;若是坚持不下,他便自己拿出百金来结束其事,事情解决了,他也未尝有怡然之色。有一次,族中有人患了严重的传染病,亲友邻居都避之不及,害怕被传染。只有阮弼前去探望,为他延医买药,亲自照顾病人的生活起居,两人同吃同住,也不见被传染。不出几日,那人恢复健康。那些起初对病人避让不及的人都很羞愧。还有,族中有位婶母自己私下积攒了数十缗铜钱,存放在阮弼这里挣些利息。不久,那位婶母去世,阮弼就找到她的儿子,把本钱利息全部还给他,这儿子不知道钱是从哪里来的,以为又是阮弼来救助他,便坚辞不受。阮弼告诉他其中缘由,他才俯身稽首而拜谢接受。

芜湖文庙

阮弼居芜湖已久，早以侠义闻名。芜湖道出南陵，路险途淖，阮弼捐金首倡，修为坦途。凡遇灾凶之年，阮弼都设立粥厂以救济饥饿之人，还置备棺材、筐锹，安葬道旁死者。他乐善好施所花去的费用，难以数计。晚年时，阮弼在�矶设立路标，在叶岭开辟道路，在赭山之麓购置田地，修缮三茅宫，装饰诸位神像。他的目的在于种善根，积阴德，所以“务施恩于不报，加意于人所不及知”。

抗倭防盗受功爵

明朝嘉靖年间，日本倭寇不断侵袭中国沿海，疯狂从事走私和掠夺活动，给中国百姓带来重大灾难。倭患最为严重的是在嘉靖三十一年(1552)到三十六年(1557)之间。

嘉靖三十四年(1555)，日本倭寇大举来犯，从浙江一路烧杀抢掠到达徽州，又进一步逼近芜湖。依明初旧制，“邑非附郡者不城”，因此芜湖没有抵御外敌的城池。面对倭寇突然来临之际，驻守的官员军士们都束手无策，急如热锅上的蚂蚁。就在全城百姓危在旦夕之际，已经50多岁的阮弼挺身而出，以他崇高的威望，倡议年轻力壮的商人子弟勇敢地站出来，和芜湖当地壮丁组成保乡团。当时人们应者云集，竟有数千人之多。保乡团成立之际，他又杀猪宰羊，聚集大家举行誓师仪式。仪式上，阮弼慷慨陈词道：“我们面对的是贼寇，还是猛虎？只要我们团结一致，就算是猛虎，也可以徒手擒获；即使是猛虎长有翅膀，我们也可以用弓箭射杀。况且这些倭寇，长途奔波到此，已经是穷途末路了，他们虽然气焰嚣张，只要我们齐心协力，就可以消灭他们，把他们剁成肉泥来答谢天子！”心忧家国性命的芜湖军民深受鼓舞，群情激昂，众志成城，表示誓死保卫家园。不久，倭寇逼近芜湖，他们派出的探子侦察到芜湖备战充分，部署精密，于是倭寇头领感到面对有备的芜湖，是占不到半点便宜的，当即趁着夜色灰溜溜地逃走了。

能够不战而屈人之兵，芜湖民众都万分欣喜，愈加敬重阮弼。这次倭寇来犯，别的地方都损失惨重，满目疮痍，唯有芜湖丝毫未受损失。朝廷对此次芜湖御敌行为很是满意，要对有功之人论功行赏。芜湖官员上报功绩时，推阮弼为首功之人，连受封赏时的礼服都已准备好了。然而阮弼极力推辞道："保卫家国是分内之事，这是全城军民的功劳，我一个商人，怎么敢独自占有这份功劳，受朝廷封赏？还是请奖赏诸位有功之人吧。以后，假如贼寇再次侵犯，诸位还是可以借助我们这些商人的力量，而我仍会义不容辞地站在前面的。"

嘉靖三十八年(1559)一群盗贼抢劫县城库房，损失了不少钱财。万历二年(1574)，盗贼再次抢劫县城库房，又造成不少损失。两次县库被盗，损失银钱布帛数万。盗贼如此猖獗，都是因为芜湖没有城墙可以依仗，只有修建城墙才是长久之计，于是官府商议兴建城墙。怎奈县库被劫，资金不足，朝廷也不能下拨银两。众官员一筹莫展之际，首先想到急公好义的浆染界祭酒阮弼，遂召见阮弼，希望他能倡议众商捐资修筑城墙。阮弼欣然应允，率先捐出重金，而后与众商人商议，众商人无不同意，全城百姓在阮弼等众商人的带动下也纷纷捐资。万历三年(1575)二月，城墙开始修筑，很快如期完工，且修建得很坚固。阮弼还独资建筑了西城门。地方官员又将实绩上报朝廷，朝廷再次下达章服以封赏。而阮弼还是坚持辞谢，不愿居功。为了褒奖阮弼功绩，当地官员将西城门命名为"弼赋门"，以世代铭记阮弼的功绩。

明代有成文规定，民间凡有年满八十岁以上的老人，朝廷会下诏赐爵一级，芜湖官员遵奉朝廷诏令推选耄耋老人，阮弼居于第一位。能在晚年获得这样的荣耀，阮弼激动不已，当即面向北面叩谢皇恩道："阮弼一介草民，不敢拒绝皇上大恩大德，谢皇上隆恩！"随后，他整理好自己的所有产业，唤来二儿子阮汝鸣和长孙阮国政，语重心长地说道："古人七十岁就是老了，应该传给后代了，而我现今已经八十岁了，我多年累积的基业都在这里了，如今我把它们交给你们，我也可以安度晚年了。"说完，亲手把所有资产传给子孙二人。他的儿孙谨遵老人教诲，继承了他的浆染事业，并进一步开拓发展。

芜湖徽商博物馆一瞥

名震沪上汪通保

安徽歙县岩寺，距徽州府和歙县城只有十公里，地处徽州盆地之中，交通便利，物产丰富，商贾聚集，文化深厚，历来为歙县重镇，也涌现了不少富商巨贾。生活在明代成化至万历间的典商汪通保(1476—1571)就是其中声望卓著的一个。

诚信业典名震上海

汪姓在全国百家姓中算不上是人口多的大姓，但在徽州、在歙县却是有“十姓九汪”之称，这乃是在隋唐更替的乱世中保境安民有功、归服唐朝廷受封越国公的汪华，生有九子，繁衍旺盛所至。汪通保的祖先是从本县唐模迁到岩寺的，与明代文学家汪道昆同属一脉，皆汪华后裔。

汪道昆在《太函集》卷二十八中有一篇《汪处士传》，就简略记载了汪通保的一生。据载，汪通保，字处全，号思云。少年时便倜傥干练，志节高远，在贤豪之中即有名声。二十岁左右时，就开始在上海经营典当业，且善于经营，不久便起家于沪上，这在当时是少有的。不少上海人佩服他的才能，争着与他做生意，他声誉很好。刚开始经营典当业时，汪通保的资本还比不上一个中等水平的商人。但后来，随着经验的增加，信誉的提高，人脉的发展，他的当铺生意与日俱增，店里的伙计也慢慢地多了起来，典当业务也越做越大，还在其他县设立分店。为扩大业务，汪通保又在上海中心，建起了大宅子，四面开门，既安排诸位子弟居住其中，又作为典当业务经营场所，四方同时接待多位顾客，这样就减少了客人耽搁的时间，办完事情即可离开，从而使收当赎当业务都办理得又快又好。这是汪通保成功的第一个原因。

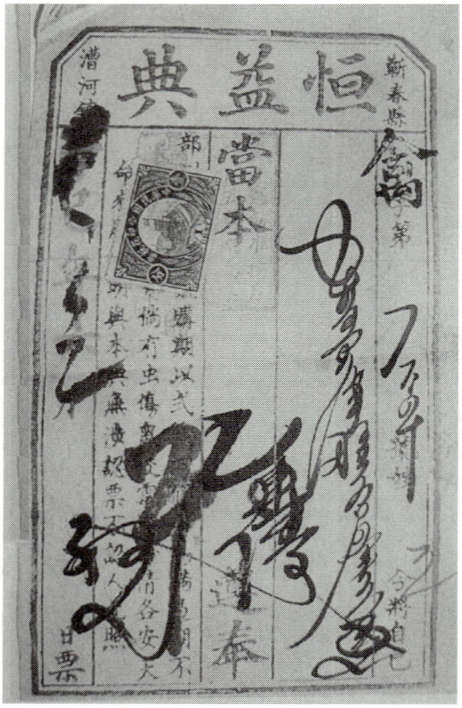

民国恒益典当票

汪通保成功的第二个原因，是他以诚待客的宗旨。他认为，要多财，必须好行其德。因此，他与店内的诸位办事的子弟约法三章：第一，在他店中经营的，不要把盈利放在首位；第二，贷给顾客的银钱，不要以次充好；第三，收顾客利息时，不要按日计取，不要额外收取赎金。他就是如此采取诚信优惠的经营宗旨，给自己带来良好的效果，于是许多人闻风而来到他的当铺中，因而他的业务量大大增加，连附近州县的人也到他的店中办理典当业务。没几年，他获取的利润更多，他的资产也更为富饶，故里的富人也没有谁能够超过他，在上海地区的典当业中也成为首屈一指的人物。

乐善好施称义士

在获得巨额财富后，以诚业商的汪通保没有只顾自己享乐，而是乐善好施，恩泽乡里，回报社会。

嘉靖二十二年(1543)，家乡徽州遭受大旱，徽州知府林山打算打开政府粮仓放粮赈灾。汪通保认为，这样做固然很好，体现了官家关心百姓之举，但是饥饿的民众很多，且布于四乡，让他们从百里之外到府治所在地来等待升斗之粮，恐怕还没有到达府治，就要饿死了。如此令他们坐以待毙，这不是等于在他们面前开了一条沟壑吗？他请求知府将粮食换成钱，就地分给他们，并号召四境的富户各自捐献一些钱，补助政府的不足，这不是更好吗？他首先带头捐出百金。知府采

徽商赈灾

用了他的建议，四乡富户也积极响应，于是各地灾民大称方便。同时，汪通保还在故里之中设立糜粥之棚，救济前来的饥肠辘辘的人们。当时上海地区的旱情也和徽州一样严重，汪通保照样慷慨解囊，救活了许多受灾的百姓，成为当时社会的一大美谈。

除了帮助灾民外，汪通保对于贫苦百姓的救助也是毫不吝啬。例如，有人家里遇到丧事没钱办理时，只要求到汪通保，他都会出资帮助，安葬死者，以慰家属。有人穷的连饭都吃不上，又来求到汪通保，他会依据具体的条件，给人家安排工作，渡过难关，做到“授人以渔”。

至于修桥铺路、建庙立祠等善事，汪通保做得就更多了。他曾捐款重修了苏州洞泾桥，建造了歙县堨田桥、由溪桥，以倡行义举。他还费数千金，在岩寺镇狮山建“三元庙”，此事被地方官上疏于朝廷，明世宗嘉靖皇帝还赐匾额“显应庙”，以作褒奖。汪通保是仗义疏财的人，曾不惜财力，追复被豪强侵占的灵山汪氏宗祠和在叶村的汪氏先世墓地。其他如修建成雁塔，赈济贫乏者，购置义田，设立义冢等善事，他都无不勇为。至于济人利物之事，更是不能概举。

积德行善，是会有好报的。人们到处称颂他的恩德：抚台亲书“尚义”二字，以旌表他汪氏之门；徽州知府王继礼称赞他为“义士”；太史、俨山人陆寄寿作诗以赞，其中有“手挥千金作义士”之句。

望重诸地国士风

汪通保善于经商而致富，慷慨行善而助人为乐，使他在故里、在经商之地上海的人众中，都享有很高的威望。

嘉靖三十五年(1556)，倭寇侵扰上海，给众商家带来了重大损失。汪通保的诸子弟都为受到损失而失色，而汪通保却处之泰然，无动于衷。里人叹道:“你老丈善于自宽,因为这点损失对你来说,不过是马体上拔了一毛而已!我们就不同了。”汪通保大笑道:“皮之不存,毛将安附?皮都剥尽了,何论毛呢?倭寇傥然而来,并非我的愿望所及;现在他们走了,我们也不要失去本色,不要遗憾,只有重新振作起来,才有希望。”正是有了这种心态,没多久,他的事业重新复起,仍旧自如经营。人们不得不称赞他说:“汪处士赢诎胜败,不入于心,是个达人哪!”

由于汪通保的威望高,赢得众人心服口服,乡党邻里之间,若有结仇生怨的事情,经汪通保的劝说,都立即得到释解。歙县西乡朱方、堨田两村相连,曾经因一些私事发生械斗,受牵连的竟达千人。此事为汪通保所闻知,仅写了咫尺之书给双方,事情便得到和平解决。于是人们又称赞说:“汪处士解纷排难,慷慨有国士风,就是古人也不及也!”上海知县徐某也曾遇到困难,汪通保豪爽地拿出千金,为之解脱,一时间汪通保疏财仗义之声倾服上海。

汪通保对家族也是主张和睦相处,因此他家一堂五世,有 500 余人,大家亲密无间,和睦有加。状元吕柟给他家赠言曰:“冢器已能名太学,岂惟庭训五车书。”

嘉靖四十四年(1565),有司奉诏令给汪通保赐爵一级,以褒奖他的品行道德。徽州郡大夫也以三老之礼来相待于他。汪通保晚年还善于博弈下棋,而且对胜负还很计较,往往下到半夜还不休息。虽如此,他的身体依然很好,享寿九十六岁高龄才辞世。

汪通保逝世后,以兵部左侍郎致仕的同乡人汪道昆为之作传记,同乡人、三朝元老、大学士、礼部尚书许国为之作行状,以传颂后世。

汪通保生子六人,名为尚庭、尚齐、尚庞、尚序、尚庠、尚膺,其中次子汪尚齐官四川巴州同知。有孙名汪如潭,官山西布政司理问,亦望重乡里。大学士沈一贯为他家题额曰“尊三继美”。

两淮业盐先驱“竦塘黄”

徽商在两淮业盐最早虽可追溯到元末明初，然成批地到两淮业盐且成了大贾的是在明代弘治至万历年间。这可从徽州有关文献中得到考证。他们都是徽州大姓，正如学者陈去病所说的“汪、程、江、洪、潘、郑、黄、许诸氏，扬州莫不有之”。但据万历《歙县志》卷十载：“邑中之以盐筴祭酒而甲天下者，初则有黄氏，后则汪氏、吴氏，相递而起，皆由数十万以汰百万者。”黄氏，就是聚居歙县西乡竦塘村之黄。《竦塘黄氏宗谱》亦载：“黄氏世货盐两淮，甲于曹耦。”意思是说，黄氏在两淮世代业盐，在同行中更是佼佼者，名列前茅。这是对万历《歙县志》的强有力的证明。

业盐先行者黄五保

竦塘是歙西一个较大的村庄，今属黄山市徽州区西溪南乡。在公元 15 世纪中叶时，这个山村的黄氏家族子弟便闯出山门，来到两淮地区从事既容易致富却又颇为艰辛的盐业贸易经营。

据现有的资料载，最先到两淮业盐的竦塘黄氏子弟是黄五保，字万安，生于明代成化甲午年(1474)，卒于嘉靖庚子年(1540)。他本是隐居于山村的一名读书人，但他对读书并没有下很多功夫，不甚钻研，只求通一些做人处事的大义，认识古今变化的道理就行了。他具有自知之明，觉得以文入仕不是自己的人生之路。他曾经自己感叹说：“我生在新都(徽州古为新都郡)之地，没有富裕的家境，所以不得不到市井中去观察，寻求生活之路，不到外地去闯一闯，坐在家中等待收入，靠一介处士的名义而得到取给，这怎么可能呢?”黄五保的自叹，表明他认识到身处贫瘠的山乡，单凭处士之名，坐而待收是不能富裕的，必须投身市井，行走他乡，才有致富的可能。

思想认识是行动的指南。黄五保马上身体力行，收拾一些祖上遗留的资本，毅然决然地奔赴两淮之地经营盐业。黄五保毕竟是一个富有经济眼光的读书人，善于观察市场行情的盈缩变化，与时俱进地经营贸易，价格该低时就及时降低，该昂涨时就马上昂涨。他还善于作长计划，短打算，因而屡屡出奇制胜。这样，没多少年，他就很快地饶裕起家了。黄五保是以资本微小的孱弱者自力更生起家的，况且又受儒家思想的影响，懂得贫穷者的难处，所以更加好义乐善，从家乡徽州到他经营之地淮阴，没有不喜欢他的人。

《竦塘黄氏宗谱》里虽没有详细记载他在两淮经营盐业的具体情况，但他是竦塘黄氏家族业盐两淮的先行者，却是记录在案的。

转业淮海的黄崇德

与黄五保年纪相近的黄崇德，亦是竦塘黄氏家族的人，字用仁，号金竺山人，生于成化己丑年(1469)，生来“闲雅静默，机神爽悟，风仪秀整，言笑不苟”，一副颇有风采的读书人气概；然而“事当利害之际，犹如曹操临阵，神开气定”，又像是一个指挥若定的将军。起初黄崇德也有志于读书科举，当他正热衷于此时，他的父亲黄文裳，却对他说：“象山之学以治生为先。”象山就是南宋哲学家、教育家陆九渊，他讲学于象山，人称“象山先生”。黄崇德立即明白父亲的意思是，治学还须先治生，先创造物质基础，才能做学问，于是遵循父命挟带一点资本去往山东经商了。那山东连山带海，沃壤千里，人们多喜欢穿着有文采的布帛服装。黄崇德即从事布帛服装行业，并在经商中，效法刁氏的任人之道，师从周人的纤俭作风，仿效任氏的以善为贵，应用国氏的致富之术，也就是向各种人学习，从而在行商中由获利十中之一而加倍升之，不久就成为大商人了。

位于扬州的两淮盐运使司

此时的黄崇德并不满足于已有之得，他看到在淮海经营盐业盈利更多，就放下了山东的事业而来到淮海业盐。黄崇德是有经商眼光的，来到淮海，他的经商策略还一如既往，果然很快就累资巨万了。盐是国家严格管理的物资，有专门的法律，但沿革变化，自汉到唐宋，盐法之议，纷纭不一。黄崇德因有文化基础，博览多通，上自春秋管子之书、西汉盐铁之论，下至唐宋食货之志和明代《大明会典》，他都讲述得头头是道。乃至管理盐业的官员也向他咨询盐策，他则条陈利害，侃侃而谈。官员便听从他的建议，向两淮下达管理办法。当时在淮海诸盐商中，还以山西、陕西人为多，闻说黄崇德盐法之论，都不禁"削稿敛衽"表示服从，并推举黄崇德为盐商领袖。

黄崇德居盐商之首后，还是"任人趋时，正道自牧"，居商没有奸猾之心，不像贪婪的商人那样计较于利。他自然也资财日饶，富甲里中，并也在扬州建起了连栋广厦，买了满野的肥沃良田。但他不因为自己富了，就将族人拒之门外，而是在州间之间"津津行德，泽及乡党"，带领子弟宗人到淮南经商，而子弟宗人都以他为榜样成为廉贾。在他的率领下，两淮盐场上形成了一支资本雄厚、从业人员众多的竦塘黄氏的盐商队伍。黄崇德还好贤礼士，凡遇贤良之士，他便挥金相助，有"李白散金扬州之风"。嘉靖丁酉年(1537)农历十二月的第三天，黄崇德逝世，享年六十九岁。

勤俭起家的黄豹

稍后业盐两淮的竦塘黄氏是黄豹，字用韬，父亲名黄五云，因此黄豹是黄五保的侄一辈。他生于明成化丙午年(1486)，卒于嘉靖乙巳年(1545)，生卒年月比黄五保都要稍后几年，但基本在同一个时期。他的父亲黄五云公被乡里人称为善人，可见是小富之家。所以黄豹少年时，见邑中富商大贾头戴高冠，身带佩剑，出门车骑相连，交往的是达官贵人，视乡里人为卑下仆役，呈现出一副扬扬然、诩诩然的架势，遂喟然感叹道："他们是人，难道我不是人么？"正是抱着这种发愤图强的精神和勇气，黄豹辞别父母和家乡，辞别小富的家境，挟带着资本闯战商场。

清代徽商雕塑

他首选目标在荆襄南楚，即今湖北湖南一带。然而商场并非露天金矿，俯拾可得。黄豹在两湖地区贸迁数地，并未达到预期效果，反而陷入困境。在十字路口，他没有灰心，他想换一个地域，更新经营行业。当地有许多商人都劝慰他留下来。他说，昔日蜀人卓氏处于葭萌之地，那里地狭瘠薄，不足以致富，后来更换到汶山下从业，结果富拟人君。如今我要再久居荆襄，结果只能是长期贫困。于是他毅然带着包袱和余资到了淮南。淮南、扬州，乃东楚都会之地，有鱼盐之饶，还有他竦塘黄氏族人已在那里业盐。绝顶聪明的黄豹在这富庶之地，又有族人关照，便如鱼得水，以勤奋和廉俭迅速起家，一年便能自给，两年即达富足，三年大为丰收，成为富商大贾。

不过，成为大贾的黄豹没有大贾的架势，却是富而好行德，喜施与。他见海滨盐灶灶丁有饥寒者，无住室以蔽风雨者，失去时机而未能婚嫁者，遭遇患难而逃避官课者，都予以周济，唯恐落于人后。因此海滨的人们感戴他，甚至不亚于父母。到他回扬州时，都相率追送，恋恋不忍分别，而且还有人边送边号哭道：“黄翁离我们而去，我们将怎么办哟？”

黄豹虽然经商有成，但还是认为以儒业为上，遣派孙子黄溱业儒，随从诸位荐绅先生游学，还为他补办了郡学博士弟子的功名。黄溱倒也不负祖父的期望，认真读书，成了“才藻华丽，爽迈不群”的“清朝之器，圭璋之质”，也就是有才华有品格的人物。黄豹为何不遣儿子业儒？因为儿子早已投身商界。

继承父业的黄锜

黄锜，字良和，号节斋，黄豹之子。黄豹娶妻孙氏，生子二人，黄锜为长子。黄锜“生而修爽凝重，言笑不苟”，幼年读书，辄通大义，甚得祖父黄五云公的赏识，曾赞道：“能耀祖光宗者，即此儿也！”因父亲在淮扬经营盐业，他也随父亲离开家乡歙县来到淮扬，后来便继承了父业。虽是一介商人，他却知识广博，什么左传史家之言，他皆有涉猎，所以每逢去盐运司衙办事，同行必推举他向前应对。他便侃侃而言，发中要领，而且气劲词温，所谈的话语多颇有见地。有一次，他父亲黄豹因盐利上没有满足当地的豪猾之徒，以致发生构斗之事，还被诉讼到院司衙门。黄锜闻知，立即奔赴院司，求见了齐侍御、高司使，直陈情由，好在两位台司都是正直君子，很赞同他的陈述，将豪猾之徒绳之以法。因此事，黄锜就更是声名籍籍，为同行们所引重。

扬州东关街

然而黄锜还是天性好施与退让的谦谦君子，在盐场上，对乡人的一般侵侮都置之不计较，对灶上人的一般借贷也不追偿，因而盐场上的人众到后来都不忘记他的恩德。他还好贤礼士，而且不吝挥金。在淮阴经商时，那淮阴是南北往来的要冲之地，士大夫们聚集之处。黄锜常将他们延纳入馆舍中，待之以餐，且多有馈赠，许多寒素之士依赖他的帮助而走出穷途，飞翼天衢，儒绅们也都翕然称赞黄锜的品德。而在家族内部，黄锜更是“居家孝友笃至”，很得父母兄弟的喜欢。父母生他兄弟二人，他为长兄，对弟弟甚为爱护，家中的资财、田园、室庐等本是他一人所创置，然而他全部与弟弟均分，无一毫多占。

黄锜生平以刚直自许，面对别人的过错不能容忍，会当面指出。他没有别的嗜好，唯有喜爱阅读书史，对人谈起古今的事情，总是滔滔不倦；对星历家的学说，他也能说出一些道道来。他总觉得自己本有远大的志向，却终身为商，颇有点抑郁之感，因此他对儿子黄溱说：“大丈夫有志于四方，应当立身扬名，以显父母，这才是孝之终点也。”他还用古代一些先贤的事迹来教育和鼓励儿子。正是有祖父黄豹与父亲黄锜的鼓励，黄溱没有让他们失望。明嘉靖癸丑年(1553)三月，时当中年的黄锜因病逝世于淮阴寓所中。

慕义如渴的黄崇敬

黄崇敬是与黄豹、黄锜父子同时期在两淮业盐的竦塘人，字用礼，别号竹窗，生于明成化辛卯年(1471)。他的父亲黄廷瓛为郡内秀才，以“少有盛才，文章宏富”而享有声名。母亲汪氏，生有二子，黄崇敬是他们的次子。黄崇敬出生时就显得“冲襟玉粹，岐嶷不群”，颇有些脱凡超俗，稍为长大后，即就学于家塾中，表现得“循循雅饰”，即文雅而守规矩，诵读时声气琅琅；渐渐地会作诗文，且显得用词丰富而华丽，于是都期待他有远大的前程。无奈他的父亲没有福气而早故，他便极度悲哀，对读书科举失去了信心，很快家境也萎缩下来。在这种情况下，黄崇敬只有抑制自己的志向而从商了。

黄崇敬刚开始行商于齐、鲁、燕、赵广泛区域之间，没有固定的行业，不过最终还是在淮扬止住了游商的脚步，投入业盐之中。自幼受过儒学熏陶的黄崇敬，本就明事理识大体，所以在经营盐业中能够“择人任时，取与有义”，不像世俗的商贩尽在刀微末利上沾然竞雄，而且“义入俭出”，因此很快便“资大饶裕”起来。他认为财富积累了而能够有意义的散出，乃是礼经上的明训。所以他不吝啬获取的财富，从家乡到客邸之处，都洒下了利润的雨露。有一年大饥荒，有人牵携着儿子去街市鬻卖，黄崇敬见了便问，你有几个儿子，竟拿来卖。那人说，只有一个儿子。黄又问，你卖了他，谁来继承你呢？那人哭着说，只求活一天算一天吧，这年头，还顾得了以后？黄崇敬很是同情，给了那人一些钱，让他别卖儿子，从而免去那家人离别之苦。还有一件事，有相邻的甲、乙二人，为一点事情，甲遭到乙的诬告，将要送进大狱；假若对簿公堂，官吏审讯清楚，则两人都没好结果，黄崇敬在乡闾之间素有声望，便解囊促他们纠纷和解，两家俱得保全。

黄崇敬襟怀冲淡，远避于名势，佩服古代道家老子"深藏若虚，盛德若愚"的教训，所以在经商致富后，铲迹销声，高尚寡欲，生平不喜媕婀软媚之风，而事当利害之时，却能侃侃而谈。至于周济穷人、抚恤匮乏的事情，他是乐此不疲，慕义如渴的，而且至老不倦，被称为有古人之风。所以他在扬州逝世之日，商人都罢市祭悼，蜂拥而哭。这一年是嘉靖乙酉年(1525)，享寿仅五十四岁。

黄崇敬虽英年早逝，但他的家业后继有人，首先他有一个贤内助。她姓吴，名盛，是同乡西溪南吴门之女，当时，黄、吴二氏都是歙县名族。吴盛自幼就娴熟女教，到及笄(15 岁)之年，就出嫁黄崇敬为妻。到黄家后，她处事于公婆妯娌之间，皆有礼法，没有二话。当丈夫舍弃科举而初去广陵淮阴经商时，繁忙的家政全依靠吴氏。后来她也随夫到经商之地，充当了黄崇敬的内当家，经济财物出出进进，她不用簿记，筹算全凭心计，虽然日子长久，仍然"锱铢不爽"，成竹在胸。黄崇敬得到如此贤惠的妻子，所以没有内忧，能够一门心思去进行市场经营，以致累资巨万。因此黄崇敬事业的成功，吴氏有一半的功劳。黄崇敬逝世后，吴氏扶持儿子黄濡继承家业，使得家产大为增值。当时国家安定已久，两淮处于南北正中，天下辐辏，在此谋利者很多，号称素封者也像树林一样，而黄氏在其中可称数一数二。吴氏还重视对孙子的培养，为他延请名师来授业；对家中僮仆也加强教育，要他们安分守己，不要同外人竞争，因此门内外肃然成风。黄氏在淮扬得以"善富"扬名，吴盛之力是不可抹杀的。明嘉靖戊申年(1548)九月，在黄崇敬逝世二十三年后，其妻吴盛也与世长辞，享寿八十岁。

同期业盐的黄氏族人

同时期在两淮业盐的竦塘黄氏族人，还有黄存芳、黄莹、黄鉴等。

黄存芳，字汝贵，别号东庄，生于明成化戊申年(1488)，卒于嘉靖辛酉年(1561)。他十六岁时就随父亲经商于历阳(今安徽和县)，当时正值父亲商业上升之期，他也曾有慷慨奋发之志。到弱冠之年，他即能审视市场形势，制定经商计划，随行情而决定生意的伸缩俯仰，数年下来便累积资金千金。而后他转战两淮，从那里贩盐到湖北天门销售，依旧审视积著，观察低昂，择人而任时，所以生意日益振盛，累积资本已逾万金。致富后的黄存芳虽然也同所有商人一样，扩土构建新居，以改善居住生活环境，但在众商以纷华盛丽为时尚之际，却仍然过着淡泊如饴的生活。遇到灾荒之年，他也尽力扶济贫民。他禀性英迈，仪度修伟，有拔群翘楚的风范，虽然是一个商人，但言论风雅有士人的标格，所以那些缙绅文士都乐意与他交往。他过的是一个儒商的生活。

黄莹，字元洁，别号云泉，生于明弘治己未年(1499)，卒于嘉靖庚戌年(1550)。他家世代在两淮业盐，到他的父亲黄衎政公已三世不入仕途，因为早已是里中以业盐致富的巨族，而且多有显者闻人。当时业盐受朝廷管制很严，有浩繁的规矩，而市场盈缩难有定数，若非善于应对，多方筹策，是难以获取赢利的。黄莹自幼即有至性，庄重寡言，不苟言笑，稍为长大便深思熟虑能够决断；况且他少小读书，通晓大义，尤其是对司马迁《史记》中的《货殖列传》深有研究，因而能在繁剧的商场中不动声色便渐露芒角。家族中都说他是足以在两淮盐业中崛起的，对他寄托着家族的希望。他居止于广陵、淮阴两地，经常与同行到监司运曹衙门中与管理官员商量盐事。他的发言文雅谨密，词气温直，言语简约，明达事理，因而“闻者往往心异之”，有言必听；见者都知他不是一个庸商，因而交往过程中都待他甚厚，商业经营有所张弛赍予，多以他的意见为决策，故而同行们都倚重他，他成了两淮盐界不可或缺的人物。黄莹以善治生起家后，也爱慕善行，乐与缙绅文士交游，缙绅文士都敬爱他，多愿与他缔交。他性好施与，在灾荒之年，家族中一些贫乏者多向他求贷，并说愿意出息。他悲悯地说，我恨不得把财产全部都用来周济你们，何须谈什么利息呢？所以里中受他恩惠的人很多。他也在两淮称首商数十年。

黄鉴，字国明，生卒年月虽不详，但业盐两淮亦在明代中叶。他父亲黄应麟是一位“殷富好礼”的商人，母亲郑氏。他本人商游业盐也通泰自如。他鄙视那些“设智巧、仰机利”的商人，认为“此辈卑卑取富”，不过是只顾眼前利益的庸商小贾，而要成为大贾，则“当种德也”，所谓“德者，人物之谓也”。就是说，要成为巨商，就必须讲商德，讲诚信仁义。他不仅口头上如此说，而且行动上也如此做，因此他父子相授都因德而成为大贾，声名称誉于淮海之间。他曾经遇到一位长得魁梧的人，以一副刁悍的姿态，傲慢地站在他的店肆前，似要进行挑衅。黄鉴却并不畏惧，而是瞠目叱责道：你这愚蠢的海夷，难道不知新安的黄国明吗？那人当即萎缩地踏着碎步而退了。从此那里的一些调皮的人不敢再作刁悍之态了。而众商人都以他的品行为风范，“拜公为纲”，就是说以黄鉴为总商。

歙县竦塘黄氏家族在两淮业盐，其中富而称甲者，在黄氏家谱中还有不少记载，仅举上述数例，便可知他们名不虚传了。

文化商人方用彬

以北方士族南迁为居民主体的徽州，不仅以山清水秀悦人耳目，而且以悠久深厚的文化和诸多优秀的人杰令人惊叹。于是在人才济济的徽州商帮中，也涌现了一些将经营的目光瞄向文化艺术品市场的文化商人。生活于明代嘉靖、万历年间的方用彬就是其中较有代表性的一个。

方用彬其人

方用彬，字元素，号黟江，生于明代嘉靖二十一年(1542)八月二十六日，卒于万历三十六年(1608)四月二十八日，属南直隶徽州府歙县岩寺镇人。他的祖父和父辈均在扬州一带经

《明代徽州方氏亲友手札七百通考释》书影

商，自幼的家境便比较富裕，正如同一时期的同乡文学家汪道昆所说的是一位“富家翁子”。

徽州人虽有经商习俗，但实际上是把读书习儒中科举摆在第一位的，尤其是家道殷厚的人家更是如此，不少人是举业难成才退而求其次出外经商。方用彬就是这样。他在启蒙之后，通过捐纳才于万历元年(1573)成为南京国子监的一名国学生。然而此后屡次赴科举试，皆以落魄收场，从而断了科举求荣之念。

当然，方用彬也不是没有一点文化的土包子。在家乡岩寺镇时，他曾参加汪道昆倡导和组织的文士会社“丰干社”。人不能在一棵树上吊死。既然科举之途不通，方用彬也就另辟他途，浪游南北，将生存的足迹踏印在北京、南京、广东、南昌、麻城等地，参与当地文人、士大夫的文酒之会，以自己的艺术才能投入到吟诗作画、写字篆刻的文化活动中，同时也进行商业活动，出售产自徽州的徽墨、歙砚等文房商品，还有书籍、书家字帖、画家画作，以及古香炉、古鼎、瓷器等古玩。因此，方用彬是一位以经营艺术品和文化用品为主的文化商人。他的货品，或者来自收购，或者来自交换，或者是他人用以抵债的物品。当然，为了扩大经济收入，方用彬也从事借贷、抵当业，并拥有一些名称“宝店”、“宝铺”、“宝肆”的店铺。这些店铺也不完全是他独资经营的，大多是家族共营的。

方用彬为人正直、豪爽，交游活动很多，花费很大，经商所获取的利润难以应付庞大的开销，所以到晚年时，他的生活处于较为贫困的状态。安徽大学出版社 2001 年出版了陈智超著《美国哈佛大学哈佛燕京图书馆藏明代徽州方氏亲友手札七百通考释》一书，书中汇集了晚明商人方用彬在商品交易过程中与亲戚朋友的往来信札，表现了方用彬作为一个颇有文化修养，又能书善画的商人形象。

赞助式获取艺术品

随着人类社会的进步和社会分工的出现，书画家们的劳动产品——书法、绘画等艺术品，也在一定的社会环境下成为一种商品。文化商人方用彬正是瞄准了这种价值难以用普通的度量衡器具计量的艺术商品，进行着商业经营。那么，他是怎样获取这些特殊商品的？从其留下的信札来看，给艺术家们以经济赞助是重要的方式。而赞助方式又分如下两种。

一是付钱或送礼物请艺术家作书画。方用彬在收购艺术商品时，一般采用先期赞助的方式，向书法家、画家订购书画作品。这种赞助既有预付款的方式，也有以书房文化用品作礼物相送，并亲自登门拜访，过了一段时间便能收到预订件。如当时画家沈硕之女，出嫁杨一洲为妻，在父亲的耳濡目染下，亦习得艺术在手，而且工绘折枝花和观音大士像。观音像是明清时人所喜爱的题材，而女画家画观音大士像又成一个卖点，在艺术品市场很看好。所以方用彬很看重沈女的观音像作品。绘画需要用墨，徽墨以它的高优质量成了画家喜爱的佳品。方用彬即给女画家送上佳墨来订购画家作品观音大士像。女画家很高兴，即由其夫杨一洲致函方用彬，“稍待一二日”后即可奉上作品。同样，方用彬还用笺纸、翰墨等，向刘爵、刘之节、吴良止、管稚圭等书画家预订作品。或许是此等举动比较文雅，不致惹自命清高的书画家们反感，所以这些书画家在接收礼物之后，大多答应创作作品。由此也可见方用彬交游很广，艺术商品需求量大。

明代董其昌山水册页

方用彬本人也擅书画篆刻，容易同书画家们沟通，所以他还时有专门登门拜访，送上礼物订购作品。画家魏之璜在方用彬登门送礼后，因身患小恙不能现场作画，即致札表示，方所要五把扇面一定尽快完成奉上。画家觉起因方用彬登门时不在家中，也立即画好三幅画和一把扇面送出。山人郑九夏画山水效法沈周，名播大梁一带，在方用彬拜访不久，也即作诗画三种，并派专人送达。休宁人詹景凤是与方用彬颇有交情的画家，也是方用彬的主要书画订件人。他在完成了方用彬的订件“佳扇二握”后，表示愿意继续合作，还希望能有机会观赏方用彬收藏经营的古图章。可见方用彬登门拜访送上礼物后，画家们都尽量按他的要求进行了创作。

二是通过为人作书画、篆刻来换取书画作品。前文已提及，方用彬也善于书画篆刻。他的绘画作品到两百年后的清乾隆时期，在徽州地区仍有流传。如乾隆时歙县人金瑗所著《十百斋书画录》里就著录了方用彬所画墨竹《茂林烟雨》图，并有题诗曰：“骤雨迷幽谷，彤云覆深竹。遥传戛玉声，何如振林木。”题诗者为“兰皋逸史”。所以，擅长书画、篆刻就使得方用彬区别于普通商人，拉近了他与艺术家们之间的距离，从而建立良好的合作关系。而且，在多数情况下，是方用彬主动向其他艺术家馈赠书画篆刻作品，这就有先行为敬的态度，可收到投桃报李之效。如书法家程道南在屡承方用彬的教益却无一字投谢时，便觉得自己"罪谴深重"，现方又来垂教，还送上佳图，更感到"铭刻无已"，于是很快寄上四幅书法作品。又如篆刻家汪徽已经十余年不为人篆刻玉章了，因为玉质硬于石质，刻划费力，没有在石质上雕刻那样挥洒自如。但在方用彬奉上自己篆刻的玉章后，也便不禁技痒起来，挥刀篆刻，奉献到知己面前。还有张应奎在应约为方用彬刻图章二方后，又恳求方用彬为自己刻印，以作珍藏。可见方用彬的篆刻作品也很有收藏价值。艺术家马电更是直接敬求方用彬为自己书写四方匾额和一副对联。这也表明方用彬的书法在当时有一定的造诣和影响。方用彬既以自己创作的艺术作品去交换他人的艺术品，同时也直接将自己的艺术品投入市场，从而成为筹集资金、扩大再生产的有效方式。

灵活多样的经营方式

方用彬作为经营文化艺术品的商人，在经营过程中采用了灵活多样的经营方式，以加快商品流通和资金周转的速度，获取可观的利润。

以物易物或现金购买是他的主要经营方式。艺术藏品的互通有无是文人、收藏家之间最常见的交往方式。方用彬是当地文会"丰干社"的成员之一，他与该社的组织者汪道昆是很熟悉而密切的，进而也与汪道昆的兄弟，如汪道贯、汪道会等也往来很多，且有许多往来是艺术品的买卖和交换。汪氏兄弟看中了方用彬藏的朱日藩的两幅书法，想先得手后再日后酬价。而方用彬因与他们关系密切，便打算无偿奉送。汪氏兄弟却不敢白受，遂以雕盘与方交换。他们之间的交易和往来是相当频繁的。汪氏兄弟既曾用钱买过方用彬的青花壁瓶，也用两只碗换过方用彬的菱镜。他们得了一方古砚，以为是世间稀有之物，便邀方用彬前来鉴赏。他们之间还交易过彭窑梅花碟、画、手卷、端砚、宋版书等等，这些交易中也有直接付现金的。

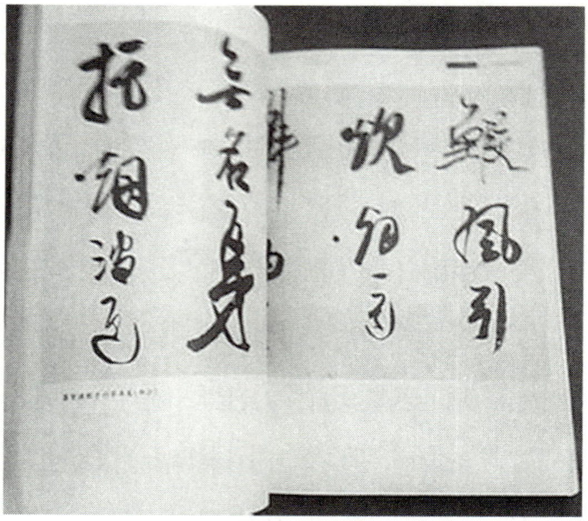

北宋石刻淳化阁帖拓本

在与汪家兄弟交易之外，方用彬还同其他徽州人有艺术品交易。吴万青曾受方用彬之托为其打听过书法及鲁墨的买主。吴积明也曾在方用彬的书画交易中当过中间人。与方用彬同为丰干社社友的西溪南人吴守淮，一年多中同方用彬先后有三次古玩字画瓷器交易。吴因经济拮据，三次交易共计七十七两银子均未付账，方用彬便屡次派人去催，以致吴"甚为愤然"。可见朋友间的交易也很难做。

代售，是方用彬的又一种经营方式。他因经营多年，积累了一定的鉴赏经验和市场基础，遂有一些人将艺术品拿到他这里，委托代售。如汪弘泽托他代售过画卷，方大治托售过《淳化帖》。

以艺术品抵债或作抵押，也是方用彬的经营方式之一。方用彬既在外地经商，也在家乡与同乡人程竹窗开有铺面，经营带有当铺性质的借贷业务，遂有一些艺术品作为抵债物资，或直接抵押进入方用彬之手。如歙县开黄里人、万历《歙志》主纂谢陛，在方用彬的当铺里抵押过家藏的方于鲁旧墨。汪道会因儿子议婚，费用不足，到方用彬的铺中抵押过沈石田、周东村画两种。方大汶也因资用不足,当过墨庄山水画一幅、元代杨维桢字一幅、名僧雪窗兰画一幅,且仅当银五六两,并说上述乃钟爱之物,不想当绝,来年必取。

请人代购艺术品是另一种经营方式。方用彬还很努力开拓艺术品的收购范围,将触角远伸往江西等地。他曾请山人方尚赟代购书法两幅。方尚赟还来信告诉他,如果满意此两幅书法,则货源将源源流入。

收藏与鉴赏

方用彬经营文化艺术品多年,又能诗画篆刻,且交游甚广,因而海内名公常以书画赠送,于是他的收藏很丰富。与他交往颇深的朱宗吉、詹景凤都在信札中透露出方用彬所藏墨迹画帖、古图书等日益丰富的信息,并希望能得"一闻"和"印示"的欣赏机会。

能书画篆刻、又多年经营艺术品的方用彬,自然也颇有相当的鉴赏水平。但为了避免因鉴别失误而带来经济损失,他也雇佣专门的艺术鉴赏人才来充当顾问。鉴赏家佘祈曾为方用彬鉴定过扇子、青田石、书法等,还受方用彬之托到苏州寻访善书之人,以扩大收购面。汪睿也偶尔为方用彬鉴定过兰花画,认为"似非真迹"。善于鉴赏古鼎釜尊彝和法书名画的吴治,也与方用彬常有交往,方用彬也曾借银给吴治使用,这交往中便曾为方用彬鉴定过艺术品。

“非可以墨工论”的方于鲁

“笔、墨、纸、砚”是传统文人墨客的必备用具，它们质量的优劣通常能影响文人的创作情绪。作为“文房四宝”之一的“墨”，往往是书画家最为信赖之物，古人曾把墨与名驹相提并论，所谓是“有佳墨，犹如名将之有良马”，可见“墨”对于文人的重要性。

我国制墨历史悠久，三国时代的韦诞是最早见于记录的制墨家，随后后唐的奚超和奚廷圭父子改良制墨方法，发明了捣松和胶法，因为父子二人制出的墨得到南唐后主李煜的欣赏，被封赐为“国姓”李氏。随后的制墨家都沿袭这种制墨方法，并不断改良，制出的墨已经是“丰肌腻理，光泽如漆”。到明代后期，涌现出一大批知名的制墨家，其中以嘉靖、万历时期的程君房和方于鲁最为出名。

弃文习墨

方于鲁，原名大激，后来因为家族排行字号改名为建元。生卒年月不详，是明代嘉靖、万历时期歙县岩寺镇人。方于鲁与同乡人汪道昆是姻亲，两人十分交好，方于鲁先跟随汪道昆学习诗文，随后加入了汪道昆创办的诗社“丰干社”。两个人时常在一起吟诗作对，对于方于鲁的作品，汪道昆从不吝啬自己的赞美。

不久，方于鲁放弃诗文，跟随程君房学习制墨。程君房是当地的制墨名家，他采用“烧漆取烟”的方法制墨，制出的墨“神采坚莹”，被当时的人称为“墨妖”。方于鲁在制墨方面有超过常人的天分，程君房也毫不吝啬，把制墨方法倾囊相授。久而久之，方于鲁不仅学会了程氏制墨法，还渐渐有了自己独到的见解。学成制墨方法后，方于鲁便离开程家，自立门户。

制墨有成

有了自己的制墨作坊，方于鲁准备大展拳脚。当时的市场上流通的主要是程氏的墨，如果按照所学到的方法制墨，方于鲁肯定无法与程氏媲美，只有有了自己的品牌，才能与程氏之墨一较高低。走进作坊，方于鲁就一头扎进工作，他尝试用各种原料调和制墨，最终发现用精制的桐液烧制出的墨烟比原来用稀膏的效果好很多，同时用广胶代替胶漆和墨，用灵草汁代替芩皮解胶。经过一番改进，表面上看起来，方于鲁制墨方法还是沿袭程氏方法，本质上已经实现了华丽的蜕变。这样一来，制

方氏墨

出的墨不仅质地细腻，而且墨色纯净，极大地提高了墨的质量。使用他自己发明的制墨方法，方于鲁精心研制出“九玄三极”墨，被赞誉为前无古人的佳品，其他墨品如“寥天一”、“青麟髓”、“九鼎图”等墨，也备受推崇。

传统制墨不注重改进墨的外观，使得制成的墨都是呆板单一的款式。如果能在墨品的表面刻印上名家的画作和寓意吉祥的图案，也是一件风雅异常的事。有了这样的想法后，方于鲁随即着手精制新的墨模。反复试验多次，终于制出图文并茂的墨模。同时，他还注重把墨模做大，制出大墨。墨模精雕细琢，务必使所刻图案充分表现在墨面上。新制成的墨品拿去出售，很快就销售一空。新墨品的畅销让方于鲁声名远播，成为当时制墨三大家之一。

自此以后，墨不再只是文人书房用品，更进入普通人的生活中，成为装饰居室的艺术品。由于墨上寓意不同的吉祥图案，方氏墨品还常常作为礼品在士人之间传送。如亲朋好友恰逢添丁之喜，就可以送“百子骏”、“百子榴”、“天孙云锦”墨。结婚就会用上“同心比翼”、“文彩双鸳鸯”墨。贺寿有“以介景福”、“千岁苓”墨，送府县官员有“麦秀雨歧”、“嘉禾重颖”墨，赠武将有“玄衮玄钺”、“凌烟阁”墨，致地方长官有“砥柱承天”、“五岳四渎”墨，奉宰辅有“调羹”、“补衮”墨，官员进献给皇帝有“天保九如”、“云行雨施”墨。此外，还有一些特殊的墨品，例如和尚用的“达摩真性颂”、“炽盛光轮”墨，道士用的“青牛紫气”、“碧枣玄梨”墨等。

师徒斗墨

方氏墨谱

同行相轻是亘古不变的道理。方于鲁自立门户后，与程君房的竞争不断。为了给自己所制之墨正名，两个人都争相请人刻印著作。方于鲁将文人墨客、官员题写的赞颂之词汇集起来，并附上墨图，延请当时著名刻工黄守言、黄德时印刻成《方氏墨谱》，于万历十六年(1588)出版。全书分为国宝、国华、博古、博物、法宝、鸿宝六类，一共收录了三百八十五幅墨图，都出自当时的名家之手。《方氏墨谱》出版后，方于鲁墨一时间名声大噪，大有盖过程君房墨的趋势。程君房不甘落后，也请了黄应道、黄应泰等著名刻工为他刻印了《程氏墨苑》，并且在内容和篇幅上都大大超过了《方氏墨谱》，程君房甚至还在书后附有名为《中山狼图》，借“中山狼”的形象来讽喻方于鲁曾经师从自己，现在却忘恩负义。

方于鲁师从程君房之时，二人的交情很好，否则程君房也不会把自己的制墨技艺倾囊相授。可是后来两人关系破裂，最终势同水火，原因不仅是方于鲁另起炉灶，还有一段纠缠不清的家事在里面。原来，程君房纳了一房妾室，其人“甚美”，程君房就对新人宠爱有加。程妻因此妒火中烧，伺机把小妾赶出家门。这本来和方于鲁没什么关系，可不巧的是方于鲁一直爱慕程君房的这房妾室，见她被赶出家门，就迎娶回家。两人本来就闹的不愉快，现在方于鲁又娶了自己的小妾，程君房如何能咽下这口恶气？两人争执不休，互不相让，最后闹进了公堂，这事才告一段落。

程、方二人的矛盾已经到了白热化的程度，为了扳倒对方，可以说是机关算尽。如果能让自己的墨被皇帝看中，就会胜券在握。为此，程君房千里迢迢赶到京城，利用自己的人脉网络结交万历皇帝身边的太监，最后托太监把墨呈献给皇帝，万历皇帝对程君房的墨品大加赞赏。程君房的墨得到了“圣裁”，无异于获得一块金字招牌，正是可以借机打压方于鲁的时候。可是风云莫测，程君房因为牵涉到一桩杀人案被官府拘捕，不久就因为绝食死在狱中。程、方两人的争斗以程君房的死亡告终。

方于鲁是墨工，但又不能单纯的以墨工来论他。他留给后世的不仅是一方方精品佳墨，还有《佳日楼诗集》和《方建元诗集》。他的诗作《赠张山人归越》流传后世：“雉子斑斑麦正齐，黄梅四月雨凄凄。新安江上携尊酒，送尔看山到浙西。”至今仍在传诵。

方氏墨谱内页

天下名剪张小泉

说起剪刀，人们都会想到赫赫有名的“张小泉”剪刀，这是一个有着近四百年传承的老字号，是享誉中外的老牌子，同时也是注入新活力的驰名商标。它那经久不衰的质量里，积淀着深厚的文化内涵，诉说着一代代剪刀人不懈努力和大胆创新的故事。

起步徽州的“张大隆”

张小泉，明末清初徽州府黟县会昌乡人，生卒年不详。要叙说张小泉剪刀的历史，应当从他的祖父和父亲说起。他的家在会昌乡的一个有五百来户的大村子里，村中有株老槐树，树旁有座普通的房屋，屋旁挂着一块“张大隆剪刀铺”的牌子，铺子当时的主人叫张思家，他是一位以打制剪刀为生的铁匠，店铺名“大隆”，自然是希望家业大为兴隆之意。张思家从小跟着父亲到芜湖学制剪手艺，那时芜湖是以制造菜刀、剪刀、剃头刀等“三刀”闻名之地，到那里自然能学到真本领。学成后，张思家和父亲就回到家乡，开了这爿张大隆剪刀铺，自产自销，勉强糊口。没过几年，张思家的父亲去世，店铺的重担就落在张思家的肩膀上。不过,张思家手艺高超,做事认真,他打制的剪刀,锋利耐用,备受人们称赞,说:"张大隆剪刀吸天地灵气,熏日月光华,能吹发可断,剪布无声,就是修剪千层布的鞋底,也像刀切豆腐一般轻巧。"过了一年,村里一位老人见张思家为人厚道,能吃苦耐劳,又有一门好手艺,就把女儿玉兰许配给他为妻。婚后,夫妻相依为命,玉兰在料理家务之外,也抽出身来,帮助丈夫拉风箱,当助手,夫妻俩每天能打制二十来把剪刀,日子过得还很美满。不久,他们的儿子出生了,他就是张小泉。

张小泉少年时便很伶俐、聪明,听着打铁声长大,自幼就跟随父亲学艺,通过父亲的细心指导和自己不断亲身实践,到了十八岁,张小泉已经练就了一身制剪的好手艺。从锻打、出样、泥磨到装钉、抛光,道道工序都干得非常熟练,打出来的剪刀,更受顾客欢迎,"张大隆剪刀铺"达到前所未有的兴盛。此时,有位王姓姑娘看中了张小泉,经过媒妁之言,双方父母同意,便嫁了过来。婚后一年,就为张小泉生了个儿子,取名近高。生意兴隆,家庭和美,张家处在幸福的时光里。

誉满江南的张小泉

和许多故事一样,当人们正在意满志得之时,灾祸也将临近。明朝崇祯元年(1628),陕北大旱,而官府还对百姓欺压盘剥,农民纷纷起来造反,社会动荡不安。这年八月,黟县官府无端派衙役来到张小泉家中,不问二话,见钱就抢,见物就拿。张思家父子自然不满,尤其是张小泉正在青年火旺之时,一见此景,顿时怒火满腔,抡起大铁锤奋力打去,当时即打死两个衙役,这下闯下了大祸。一家人吓得手足无措。张小泉的母亲连忙拿了些盘缠和衣物,交到儿子媳妇手中,叫他们赶紧离家出走。张小泉夫妇俩只得抱起儿子，带着衣物连夜向杭州逃去。

张小泉一家三口到了杭州，被城隍山麓（今吴山）大井巷的繁华景象吸引住了。一路上盘缠已尽，此时已身无分文，但一家人饥饿难当，遂只得取出随身带来的剪刀，摆下地摊，换几个钱来糊口。谁知，不到一袋烟的工夫，所带剪刀竟被买光。买主们都啧啧称赞这些剪刀做工精巧，非常锋利。产品有销路，张小泉自是高兴，就在大井巷搭个席棚，架起炉灶，重新挂起“张大隆剪刀铺”的招牌，生意从此开张起来。杭州与嘉兴、湖州一带是著名产粮区，也是栽桑养蚕之地。裁剪衣服、剪贴窗花是这里家家户户女子必为的事情；况且这里交通便利，市场繁荣，在这里发展，前途比家乡徽州还要好。

若干年后，“张大隆剪刀铺”的对面开了一家龙泉宝剑店。这店打的宝剑，真是削铁如泥，能把叠起来的铁板一劈两半，且剑口不卷刃。张小泉买了一把回来，仔细琢磨了很久，终于发现宝剑刃口不钝的原因，主要是选用了优质钢材，研磨时使用了上等泥砖。此时，他的儿子张近高已经长大，父子俩便分头行动。张小泉去浙南龙泉、云和两地，一方面学习吴越地区锻制“龙泉宝剑”的经验，另一方面采购好的钢材；他儿子张近高则到江苏镇江去采购优良的泥砖。半个多月后，父子俩都功成而归。张小泉吸取龙泉宝剑的铸造技术，用好钢镶嵌在剪刀的刃口上锻打，创造出一种“镶钢锻打”的制作工艺，把铁的柔韧和钢的坚硬锋利结合起来；同

工人制作剪刀

时采用苍山刀石和镇江特有的质地细腻的泥砖来磨砺剪刀，这样，制磨的剪刀刃口非常锋利，光亮照人，“硬剪铜皮不卷口，软剪丝绸不打滑。”于是，“张大隆”剪刀成了江南一带妇女争相购买的名牌产品，当时流传着这么一句话：“农家一世穷，也要买把张大隆。”

由于张小泉制作认真，质量上乘，所在大井巷、清河坊一带，又是杭州商业中心，故而生意兴隆，利市十倍。然而名气大了，烦恼也接连不断，同行们为争夺盈利，也纷纷打出“张大隆”招牌，杭州城内一时间出现了好几家“张大隆”剪刀铺。但是他们的质量跟不上，有些不明就里的人买了这样的剪刀，发现质量低劣，便对“张大隆”剪刀产生怀疑。这就无形中砸了“张大隆”的招牌，影响了张小泉的生意。为了防止冒牌的剪刀以假乱真，清康熙二年(1663)，张小泉更换招牌，改用自己的名字，将“张大隆”改为“张小泉”，并将名字烙在剪刀上。

关于“张小泉”剪刀还有一个传说。说是城隍山脚下的大井巷内张小泉的打铁铺不远有一口井。井水清洌甘甜，附近人家都靠这口井的水生活。可是有一天，井水忽然浑浊起来，翻着泡沫，还散发出刺鼻的气味。张小泉的儿子抢头吊起一桶水，一看，又黑又浑，还有股腥臭味，倒掉后再吊一桶，还是这样。人们都很惊慌，不知道出了什么事情，纷纷在井边祷告。这时，住在这里的一位百岁老公公说话了："小时候我听老辈人讲过，这口井是通往钱塘江的，江里有两条乌蛇，每隔一千年下来一次，钻到这口井里来生小乌蛇。现在井水变坏了，说不定就是它们来了。"这可怎么办？人们一听是这样，都发了愁。张小泉听说了这桩事情，就自告奋勇要去井底查看。他叫人买来了老酒和雄黄，把雄黄倒进老酒里，顺手捧起一坛，"咕咚咕咚"一口气喝进肚子里，然后系上绳子，拿上大锤，跳进了大井。有雄黄酒壮胆，张小泉不怕乌蛇，他四下寻找，果然在暗角发现了两条黑得发亮的乌蛇，有手臂那么粗，紧紧盘绕在那里。张小泉眼明手快，立即抡起大锤，朝着蛇的七寸敲去，"铛，铛，铛"一连三记，锤锤都中乌蛇的要害，竟把两蛇的颈脖砸得扁扁的，粘在一起。张小泉砸死了乌蛇，就一手拿着大锤，一手拎着蛇尾巴爬出了井圈。除掉了乌蛇，大井里的水又恢复了原样。张小泉和儿子把死蛇拖了回家。张小泉是个有心计的人，蹲在地上细细看着那两条盘在一起的蛇，突然灵光一现，即在泥地上画出一个图样来。随后按图样打制了一把剪刀，在"蛇颈"相交之处安上一枚钉子，将"蛇尾"弯过来的地方做成把手，又把"蛇颈"上面的一段敲扁，然后将剪刀之刃磨得锋快。于是造出了第一把大剪刀。这个传说说明了张小泉对剪刀制造技术的改进。

乾隆买剪与孙氏打假

张小泉去世后，儿子张近高继承了父亲的事业，并继续发展。但杭州城内冒名"张小泉"的剪刀铺却越开越多，到了后来，杭州城内凡是卖剪刀的店铺都是"张小泉"，最多时有八十六家"张小泉"剪刀铺。“青山映碧湖，小泉满街巷”，真是盛况空前。为了维护自家剪刀的信誉和经济利益，张近高只得又在剪刀的“张小泉”三字之下，再打印加上“近记”二字，以方便顾客识别。即使如此，仍然无法制止别人冒牌仿造。

清乾隆年间，张近高的儿子张树庭继承祖业。此时，适逢乾隆皇帝南巡至杭州。据说，乾隆皇帝到杭州时，微服混入香客之中，信步游览。当他游兴正浓时，天公却不作美，突然风雨交加，无奈只好寻找避雨之地。匆忙中他走进一家店铺，门面上挂着“祖传张小泉剪刀”字样的招牌，于是闲来无事，顺手拿起一把剪刀赏玩，只见剪刀刃口寒光闪烁，锋利无比。乾隆就顺便捎带了几把回去，赏赐给宫中嫔妃使用，果然锋利灵巧，是剪刀中的上品。他便下旨责成浙江专办贡品的织造衙门，进贡张小泉剪刀为宫用之剪。从此，“张小泉”剪刀被列为贡品，得以名闻天下，生意更加兴隆。

此后，“张小泉”剪刀相继传张载勋，再传张利川。光绪二年(1876)，张小泉的第五代孙张利川去世时，他的儿子张永年年纪还小，家业就由张永年的母亲孙氏掌管。孙氏也很能干，店铺内外，一人承当，不仅把儿子抚养成人，还保存了张家的事业，但对被冒牌的事情始终没有解决。说话间到了光绪十六年(1890)，为了捍卫“张小泉”剪刀的利益，一日，孙氏早起，独自上了城隍山，此时，钱塘县知县束允泰去城隍庙上香出来，孙氏便急忙上前拦轿告状。她痛斥那些冒牌张家剪刀，影响“贡品”的声誉，求知县老爷为张家作主。因“张小泉剪刀”是贡品，知县也不敢含糊，当即就发布告示：“永禁冒用”，并在张小泉店铺门首刻立石碑，违者严惩不贷。从此，冒牌产品虽然还有，但是已经不断减少。

代有传承光耀寰宇

宣统元年(1909),“张小泉”剪刀传到张祖盈手中,至此,“张小泉”的制剪技术已经传承八代。张祖盈注重维护自身权益,以“海云浴日”商标送至知县衙门,并上报农商部注册,商标上还加上“泉近”的字样,以示正宗。

“张小泉”剪刀的经营一直是徽商传统的前店后坊模式,历代传人都是自制产品,自行销售,以注重质量取胜。宣统二年(1910),“张小泉”剪刀在南洋第一次“劝业会”上参展,获得银质奖。之后,民国四年(1915),“张小泉近记”剪刀又在巴拿马“万国博览会”上荣获二等奖。从此“张小泉”剪刀开始远销南洋、欧美等地。民国六年(1917),张祖盈将剪刀表面加工改为抛光镀镍后,更受顾客欢迎。民国十八年(1929),“张小泉”牌剪刀又在首届“西博会”(杭州西湖博览会)获得特等奖。从此,张小泉剪刀蜚声国内外,光耀寰宇。

清代张小泉近记剪刀商标

然而,在“张小泉”剪刀蒸蒸日上之时,日军侵占了杭州城,战火纷飞,人们生活难以为继,诸种商业皆举步维艰。“张小泉”剪刀虽然是老字号店面,根基稳固,也遭受重创,濒临破产边缘。后来,国民党时期,内战频繁,通货膨胀,民不聊生,到解放前夕,“张小泉”制剪工艺已日渐凋敝，难见昔日光彩。

新中国成立后，为了让传统民族品牌保留下来，政府有关部门积极扶持，成立了“张小泉制剪生产合作社”，它的剪刀制作保持了传统的制作工艺特色，而且在工艺和质量等方面有了进一步的提高。“张小泉”剪刀曾三次在全国民用剪刀评比中荣获第一名。从此，成名于清康熙二年(1663)的张小泉品牌，便成为全国剪刀行业中最早的中国驰名商标。1957年，“杭州张小泉剪刀厂”正式成立，至今几经变革，不断发展创新，终于发展成为中国最大的剪刀生产企业。1993年，张小泉剪刀博物馆在杭州张小泉集团有限公司内建成，馆内还张贴有当年毛泽东主席的语录：“……张小泉的剪刀，一万年也不要搞掉……”

历经三百多年风雨磨砺，“张小泉”剪刀的发展日臻成熟，不仅通过了质量管理体系认证，而且还获得原产地注册保护。现今的“张小泉”刀具系列产品已有一百多个品种，四百多个规格，产品的市场覆盖率高居同行之首，同时产品远销海外，深受消费者信赖，真正实现了“剪裁江山成锦绣”。

贾儒仕交融“岑山程”

岑山，是小而高的山。这里所说的岑山，乃是在皖南歙县新安江上的一座孤岛，它屹立中流，高约百米；过去曾建有星岩寺，主祀南海观音菩萨，香火甚是旺盛，可与普陀山南海匹敌，故又称之“小南海”。岑山边有个摆渡往来的渡口，渡口边的村子也名“岑山渡”。旧日的岑山渡，不仅是前往小南海（岑山）进香的必经之所，也是从杭州沿钱塘江、富春江、新安江到徽州航运的重要埠头，尤其是去往岩寺、黄山、太平的货物，大多由此起岸，故又名“航埠头”。本文要介绍的“岑山程”，即是世居岑山渡村的程氏家族。

“岑山程”源流与初期业盐者

岑山渡程氏是在元朝至正年间（14 世纪中叶）由歙县西乡的槐塘村迁来的，至今有六百余年。其一世祖为程诚，他是自程元谭于东晋南渡来新安任太守定居为始祖的新安程氏第四十二世孙。程诚，字叔信，是槐塘程宁二公的第三子，为人聪明俊伟，入赘于庄上方翔斋家为婿。方公无子，程诚侍奉岳父母如自己的亲生父母。后来迁居岑山渡，创业兴家。元至正十七年(1357)，乡间有匪寇扰乱，一天，程诚亲见有两人遇到匪寇，被绑在树上，将要被剖腹。程诚立即拿出钱来给匪寇把二人赎了下来，被人称为“义士”。仁者寿，程诚享寿八十七岁，在当地很有名望。妻为方氏，续妻唐氏，为他生有五子，为程月、程怡、程梅、程英、程童。此后，以五子为五支，很快就在这个山清水秀之地繁衍开了，其孙辈有十七人，曾孙辈有三十七人，玄孙辈有五十人，至第九世便有二百七十六人。

岑山渡程氏自第五世即开始为着生计而向外迁徙，如江苏的苏州、淮安、江宁、盱眙、宜兴、高邮、宿迁、泰州，浙江的杭州、于潜、衢州，上海的松江，安徽的六安、天长、湾址、灵璧、霍山、寿州、凤阳、广德等地。迁徙之因，为官、婚嫁、游学、经商等等皆有，其中大多数当是外出经商谋生。

据所掌握的史料载，岑山渡程氏到两淮经营盐业，大约在明朝末年，其最先者是三房程梅公支下第七代、岑山渡程氏第九世程大典，字常叔，号慎吾，是他首往扬州业盐。他生五子，为程量入、程量能、程奭、程量衡、程量越。他生意做得不错，很快家业大盛，其中长子程量入出任淮南盐务总商。这已到清朝的时候了。清朝入主中原之初，国家财政十分困难，两淮盐商除赋税加重外，还要

《重修两淮盐法志》书影

帮地方官府带办地方税收一百四十万两。说是带办，其实是出自徽商。这种严重的税课和派征，使许多盐商无利可赚，甚至折本，众盐商怨声载道。稍后，清政府实行“恤商裕课”政策，程量入带头维护盐商利益，代表众盐商与地方官府辩争，促使地方官府取消带办地方税收，并退回全部带办的“地方税银”。经过这一事件，程量入“义声大著”，被推举为两淮盐业总商之一。

程量入生有四子：长子程之韺，字象六；次子程收，字云力；三子程特，字吹万；四子程峙，字立册。四个儿子都继承祖业，世袭盐商，皆能继承父德，恤济贫乏，质行粹然。其中程之韺世袭总商二十年，并在康熙十三、十四年（1674、1675），主持为清政府募集军饷，得到众商踊跃响应，获得了朝廷奖励，特赐他五品服，成为当时两淮诸商之冠。

程大典的其他四子，也颇有作为。次子程量能，是郡中庠生，即秀才，笃信好义，曾重续槐塘旧谱，倡立建造了扬州程氏宗祠，得到族人的崇敬。三子程奭，弃儒治盐，甚得经营之道，诸位御史台官吏都待他敬之以礼，并向他咨询以利弊，生有二子。四子程量衡，亦经商，遇事精敏，胆略过人，生有五子。五子程量越，投入政界，官候补行人司司副，好仁乐善，生有九子。岑山程氏家族很盛旺，仅程大典这一分支，到其玄孙辈就有二百零七人。据宗谱载，岑山程氏家族中有庠生、监生、贡生、太学生八十九人，中进士者十余人，任翰林院编修、同知、知县等职官者六十七人。

数世相承的程氏盐商

岑山程氏在两淮繁衍成大家族，扬州、淮安、丹徒、仪征等市镇都有他们的族人定居，亦贾亦商亦仕。著名盐商除上述程大典之数子外，还有程朝宣、程莲、程增、程振箕、程可正、程谦六、程楠、程扬宗、程俭德等人。

程朝宣(1618—1690)，字辑侯，胸有伟略，曾经综理两淮盐策大事，是管理两淮盐务的要员。

盐场劳动场面之一

程莲(1657—?)，字宾华，经考试授予同知之职，胆略过人，洞悉盐务的利弊，并善于处理盐务中的各种事项，一时间，在两淮盐界被众盐商和官府都很推重。

程增(1644—1710)，字维高，号蝶庄，候选中书，总理两淮盐事二十余年，所作规划和处理的事务，堪为典型，盐商与灶工们都感佩他并颂扬之。康熙二十四年(1685)，得皇帝召对茱萸湾行宫，受特赐"旌劳"二字，以嘉奖他的功绩，荣耀于朝野。著有《碧岑诗钞》、《闽游草》行世。

程振箕，字泽弓，两淮盐业巨商，与家富千万的歙籍盐商汪廷璋齐名，富而乐善好施，乾隆九年(1744)，两淮水灾，程振箕捐重金赈济灾民，治理河道，受赐员外郎之衔。

程可正、程谦六，也是岑山程氏在两淮业盐的巨商，他们同样富而不忘国家和百姓。乾隆九年(1744)，程可正等捐助内务府供用款一百九十七万两；乾隆十三年(1748)，程可正、程谦六等捐助清朝廷平大金川军饷八十万两；乾隆二十年(1755)，程可正捐出赈济水灾款五十万两，捐助朝廷平伊犁军饷一百万两。

清代徽州程氏家族很多人在扬州经营盐业

程扬宗、程楠，也是岑山程氏在两淮盐业中获得巨富的盐商，捐助和报效朝廷也有他们的行动。乾隆十六年(1751)，家乡徽州大旱，米谷腾贵，程扬宗等捐款六万两，一半买谷积贮起来，用以遇灾平粜给灾民，另一半交到典铺中生息，作为赈灾储备资金。乾隆皇帝南巡时，程扬宗、程楠等多次承办迎接护驾大差，也输出供用银两无数，得受赐三品按察使衔。

岑山渡程氏盐商还有程俭德，以业盐的巨额利润投入了报效朝廷的活动之中。乾隆五十三年(1788),程俭德与歙县在两淮的业盐巨商江春等,捐助朝廷平台湾林爽文军需四百万两;乾隆八旬寿诞时,程俭德与两淮盐业巨商、歙人洪箴远等送贺银二百万两;嘉庆年间,程俭德等又捐助军需八百万两、捐助治理河道工程费四十万两。

上述事实,一方面表明岑山渡程氏在两淮盐业经营中的地位与富有,另一方面则反映了封建朝廷对致富后的盐商们的盘剥也是凶狠的。

以儒入仕的岑山程氏

徽州商人深深懂得,在朝廷奉行抑商政策的环境中,要想谋求生存发展,就必须结交官府,借助政治,处理好与政府的关系。而打入政界的一条最光明正大的途径,便是通过科举考取进士,读书做官。所以徽州人把培养子弟读书,列为家典族规之首,并在徽州形成"十里之村,不废诵读"之风。岑山渡程氏徽商也是如此。而且他们的举措是很有成效的,因此有不少程氏子弟走上了以儒入仕之路。现据岑山渡程氏宗谱所载,略介绍如下:

程材(1466—1506),字良用,号岑山,他是岑山渡程氏最早以儒入仕者,明朝弘治九年(1496)即考取进士,授汀州府推官,后擢升御史,以直言敢谏而称道于朝廷,遂被委以巡按御史,巡视两浙;但后来因为弹劾逆阉刘瑾,遭到刘瑾的打击;刘瑾失败后,才得以平冤。他的两个儿子程默、程然皆为举人。

程濬(1639—1715),字洵远,号武岑,少年时就有"神童"之称。康熙五年(1666),他二十七岁考中举人,十年后的康熙十五年(1676)高中进士,即授中书舍人,后来历官户部主事、员外郎,礼部郎中,直隶大名府知府。

程之绅(1651—1731),字尔书,号松溪,考授县丞之职,善于著作诗文,有《松溪草》行世。

程淞(1654—1715),字笠泽,号文东,原名廷昭,康熙二十年(1681)考中举人,授内阁中书,后改任福建省福州府侯官县知县。

程湜(1565—1710),字澜沚,号正斋,原名之绂,康熙二十九年(1690)考中举人、三十三年(1694)高中进士,即任山东省登州府黄县知县,后敕授文林郎,再后被皇帝钦取为吏部主事。

程湄(1661—1701),字伊在,号兼庵,原名之缮,与弟程湜同榜进士,任福建省建宁府崇安县知县。

程锡琮(1687—?),字虚中,号璧人,雍正二年(1724)高中进士,即选河南省归德府柘城县知县,任内有政声,后调任陕州阌县知县,再后授礼部祠祭司主事。

程阶(1647—1693),字泰六,号鲁斋,诰授奉正大夫、直隶省真定府同知,擢刑部陕西清吏司郎中加二级,居官严介,办事明决,居家则孝友慈惠。

程埙(1644—1703),字伯仑,诰授中宪大夫、河南省归德府通判,擢任湖广襄阳府同知,升授江西省瑞州府知府,在任中洁己奉公,爱民弭盗,被推举为“江楚第一清官”,当地士民曾为他勒石立碑,纪功志德。

程汇(1648—1708),原名圻,字左蠡,虽是一介岁贡生,却候迁翰林院待诏。康熙皇帝南巡时,他因协办河工事务成功,被皇帝特赐“奖勤”二字。

程堪(1650—1714),字天式,任兵部职方司员外郎,升任兵部督捕司郎中,后特授广西浔州府知府。

程垲(1676—1720),字爽林,康熙四十四年(1705)考中举人,授候补中书，下帷后依旧刻苦攻读，秉性耽尚风雅，著有《有怀堂制仪》行世。

程嗜(1657—1741)，字梧冈，号岑木，原名廷驎，康熙四十八年(1709)中进士，授候补中书，改选知县。年过半百才踏上仕途，却因母亲年高，而不得不家居三十年，以著书为乐，而且谦逊退让，为乡里人所尊重。

程銮(1666—1727)，字坡士，号渔山，十三岁时即补博士弟子员，后以军功除工部虞衡司主事，诰授光禄大夫，任浙江粮储道布政司参议，改任金(华)衢(州)严(州)道员。著有《只拙斋诗钞》七卷、《意息集》一卷行世。

程崟(1687—?)，字夔州，号南陂，诰授中宪大夫，康熙五十二年(1713)进士，任武英殿纂修官，授兵部职方司主事，后升任兵部武选司员外郎、会考府稽察钱粮事务，刑部福建司郎中。

程凤(1684—?)，字翼书，号舒庵，由中书科中书舍人任河南开封府北河县知县，父亲逝世，丁艰守孝，满期后补直隶省河间府路捕盗同知，因功绩特授天津知府。历官十八载，政简刑清，甚得士民爱戴，也得朝廷赏识，两次恭膺覃恩，诰授中宪大夫。

程梦星与程晋芳叔侄

在岑山渡程氏中，贾儒仕交融得最有故事、最为著名的当属程梦星与程晋芳叔侄。他们在康熙至乾隆年间两淮文化名人中享有一定的地位。

程梦星所写的扇面

程梦星(1679—1755)，字伍乔，又字午桥，号洴江、香溪，程量入之曾孙，自幼好学多才，琴棋书画、诗词歌赋无所不能，无所不精，尤以诗闻名，既有唐诗人韦应物闲淡简远之韵，又有文学家柳宗元峭拔简练之风。康熙五十一年(1712)中进士，即授翰林院庶吉士，三年后改为翰林院编修。不久因父丧而告归，辞别政坛。回扬州后，专事吟咏，在二十四桥东购筑筱园，为与诸文士集会之所，日与名流游宴其间。筱园为康熙年间扬州八大花园之一，也是乾隆皇帝南巡时临幸的花园之一。因祁门徽商马曰琯(字秋玉)赠竹而辟为竹畦，歙县在扬州的画家方士庶(字洵远)绘《赠竹图》，取名“筱园”。筱园襟带保障湖，北挹蜀冈三峰，东接宝祐城，南望虹桥，四周皆名胜。它方圆四十亩，中垦芍药园十余亩、梅林八亩多，构结草亭于烟村迷离之中，并据“几生修得到梅花”的诗句，取名“修到亭”。又在毗邻保障湖开辟十亩荷花园，架水榭于其中，亦构建一亭，取“中为天地物，今成鄙夫有”诗句，名之“今有堂”。还凿一池，呈半规形如初月，池中植芙蓉漫漫，蓄容水鸟，取名“初月沜”。并在今有堂南填土为坡，名“南坡”；坡上筑平轩，名“畅余轩”；轩旁有桂树30株，称“桂坪”。今有堂北杂植花草，上覆栽古松数十株，称“馆松庵”。可见程梦星为自己开展文化活动，不惜投入资金，营造了一个非常幽雅的场所。

有了良好的场所，程梦星便与马曰琯、胡期恒等人结邗江雅集，高翔、厉鹗、全祖望、杭世骏等名流也都乐此不疲。筱园四时花瑞，每当盛开之时，程梦星便偕诸诗友文士游园赏花，吟诗作赋。诗会雅集时，于园中按人数各置一案，案上放湖笔两支，徽墨一锭，歙砚或端砚一方，水注一个，宣笺四张，诗韵一张，茶壶、茶碗、果盒、茶食盒亦各具备。诗牌用象牙制成，半寸见方，或限韵作诗，或每人分数十字、百余字，选字集诗。这样最见作诗功力，也最难工妙。会期一天，除酒食招待极珍美外，还可观戏听曲。有时在一个陈设古旧的厅中，放几个绿琉璃球，请几个老乐工，每人各奏一曲即退；有时在金碧辉煌、红灯千盏的戏楼中，召十五六岁的妙龄男女，各演男装、女装戏一部，以助诗兴。诗作完后，即在三日内雕刻成版，又三日即传遍扬州城。从康熙末年到乾隆期间，程梦星主持扬州诗坛数十年，被推为一时风雅之宗。

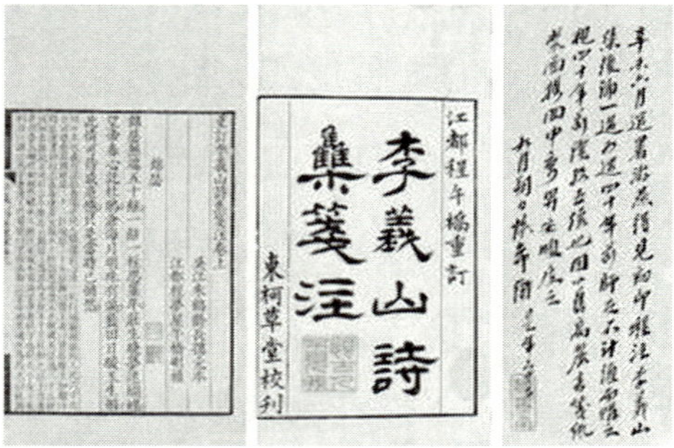

程梦星著作书影

程梦星爱惜人才，因此外地来扬州的名流多居筱园，如钱塘画家陈撰曾居筱园十年。程梦星还有一座漪南别墅，他以此为书坊堂号刻书，曾刊刻著名学者朱彝尊《经义考》二百九十八卷。程梦星本人著作亦多，著有《今有堂集》(附《茗柯词》)、《平山堂小志》、《李义山诗集笺注》，辑有《词调备考》，主纂雍正《扬州府志》、雍正《江都县志》、乾隆《江都县志》，还编辑父亲遗稿为《水部遗诗》一卷。

程梦星一族四代进士。他的父亲程文正，字笏山，工诗词，善书法，康熙三十年(1691)进士，曾任工部都水司主事，著有诗文稿。他的侄子程晋芳、侄孙程沆亦皆进士。

程晋芳（1718—1784），初名志钥，又名廷镄，字鱼门，号蕺园。童年时，读蕺山刘宗周人谱，心慕其所论守身事亲大节，故自号“蕺园”。又梦见进士榜上有晋芳之名，遂改名“晋芳”。程家世代业盐，大多数人穷奢极欲，独程晋芳好学不倦，罄资购书五万卷，并延揽四方名流共同研讨。其古文师从桐城刘大櫆，经文师从叔父程廷祚，又与商盘、袁枚等唱和诗文，并擅其胜，成为乾隆年间东南著名学者。他自我评价说：“自陈生平所学，诗第一，古文第二，经解在外。”

程晋芳袭有祖业，也是殷富盐商之家，但他把盐业交由家奴经营，自己独钟儒业。乾隆二十八年（1763），皇帝南巡，程晋芳被蒙幸召见，献赋一篇，颇得乾隆好评，受赐内阁中书。乾隆三十六年（1771），以进士登第授官吏部文选司主事，继迁员外郎。四库全书馆开馆，荐授《四库全书》纂修官。书成，擢升翰林院编修。他与朱筠、戴震等相交游，开始究心训诂，于《星经》、《地志》、《尔雅》、《方言》均深究神会。由于他百事不理，以致任由家奴侵盗家业，负债山积；而他又喜交友，好施舍周济，以致虽为京官，却无以举火。乾隆四十九年（1784），为告老回乡考虑，他乞假去往西安，想在任职此地的老友毕沅处谋一点生活费用，然而索债者亦呼噪相随，待他冒暑抵达关中，未及半月而卒。毕沅为他办了丧事，并赡养其遗孤。程晋芳一生著述甚多，著有《尚书古文解略》六卷、《诗毛郑异同考》十卷、《诸经答问》十二卷、《春秋左传翼疏》三十二卷、《尚书今文释义》四十卷、《蕺园诗

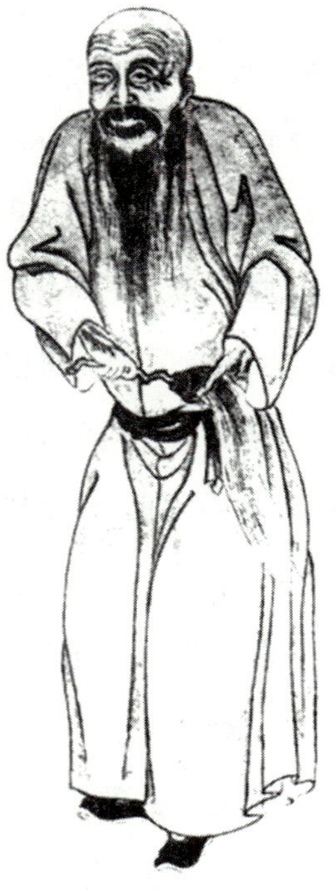

程晋芳像

集》、《勉行斋文集》等，辑有《群书题跋》六卷、《桂宧藏书目》。一代文士学者竟亡于穷困之中，亦属哀哉！

活跃文坛的岑山程氏

《皖雅》记载，新安程氏多诗人，侨居淮扬，有专集行世者，指不胜屈，其中就有岑山程氏活跃于当时文坛。现略记如下：

程名世，字令延，号筠榭，著有《坐雨安居诗》、《饮渌吟稿》、《云山小稿》、《小西馆诗存》等十四种诗文集，还有词一部、乐府一部，晚年与程梦星合作编辑《扬州名园记》。程名世生有四子：长子程赞和，字中之，为拔贡生；次子程赞宁、三子程赞皇、四子程赞普，皆是名秀才。

程嗣立，字风衣，诗文苍莽疏放，风味醇古，工行草书，善元四家画，兼通晓徽歌（曲谱）、切脉（医道）、勾股（数学）、遁甲（占卜）。

程茂，字莼江，嗣立兄，以隽杰廉悍之文，别树一帜，所为诗亦多奇峭幽郁，著有《吟晖楼古文》、《晚甘园诗》。

程卫芳，字述先，程梦星从子，亦工诗，有专集行于世。

程志乾，字学坚，一字书舸，程梦星从子，工诗，有《七夕》诗"人当离别真难遣，事纵荒唐亦可怜"句传世。

程沆，字瀣亭，一字少泉，又字晴岚，乾隆二十八年(1763)考中进士，授翰林院庶吉士，工诗文。

程洵，字亮斋，一字邵泉，程沆之弟，官舍人，亦工诗文。

程庭，字且硕，善诗文，诗有温庭筠、李商隐之风调，著有《若庵集》。

程鸣，字友声，号松门，占籍仪征，邑庠生，工画，以书法入画，运以中锋，干笔枯墨，学石涛，又参程邃笔意。善诗，诗出王文简之门，然王文简曾评论道：“松门诗名为其丹青所掩。”曾考授县丞。

程蘲生（1696—1721），字味山，工于书画，嗜好收藏金石篆籀。

程端生，字揆士，号前山，工于绘事。

程易生（1697—1736），字苇园，工于绘事。

程世英，字千一，占籍丹徒，诸生，曾参与编修《江南通志》，著有《晓山诗集》。

程兆熊，字孟飞，号香南、枫泉、淡泉、寿泉、小迂，占籍仪征，程世英侄曾孙，工诗词，著有《固哉亭集》；尤擅书法丹青，扬州名园甲第匾额多出其手，画则与华嵒齐名。

程法，字宗李，号砚红，兆熊之子，书法传承家法，画画眉尤精绝。

综上所述，岑山渡程氏在徽商之中可谓贾儒仕交融的典型家族。

善举之最汪应庚

乾隆七年(1742)的一天,扬州城里出现了极为感人的一幕:一位商人辞世了,许多百姓失声痛哭,前来吊唁,踵趾相错,挤挤挨挨。看了那场景也不由催人泪下,难以忘怀。逝者是谁?他为何能赢得这么多的人怀念?他叫汪应庚,只是众多徽商中的一位。他在扬州的显赫一时,不仅是他的豪富,更是他为扬州、为徽州、为许多地方做了大量的善行义举,因而名声大震,成为许多人心目中的"大好人"。

汪应庚(1680—1742),字上章,号云谷,安徽歙县潜口人。早在明代后期,汪应庚的高祖就在两淮业盐,到清朝初期他父亲汪修业时,已成为两淮巨商。汪应庚成年后,双肩挑起了家族的盐业重担。他以祖上和父亲的事业作基础,表现得"任厥劳瘁,秉性老成,孝思肫(真挚)笃(忠诚),沉默寡言,端庄不苟",将内外事务都打理得井井有条,使家业又有较大发展,积资数百万,号称"人钦万石之家,门有五施之产"。一些盐业界的老前辈都看重汪应庚,他遂被众盐商推举为总商。汪应庚还"常以汲汲济人利物为心",身体力行,于是以广博施善而名播朝野。

救灾施赈

赈济灾民

汪应庚的广博施善，首先表现在救灾施赈方面。雍正九年(1731)，我国东海发生强烈海啸，造成重大灾害，汪应庚在江苏沿海的伍祐、下仓等盐场一带，设立粥棚三个月，给广大灾民施以糜粥，救活许多灾民。雍正十年(1732)、十一年(1733)，长江潮水接连暴涨，以致沿江居民流离失所，汪应庚先是捐资予以安置，然后又运来大米数千石救济灾民。重灾之后，疫疠发作流行，汪应庚毫不含糊，立即设立药局，给以治疗。随后又运米数万石继续救济，终使万千灾民度过饥寒交迫的冬季，一直到第二年小麦成熟。这一次他的义举共存活灾民九万余人。同时，扬州附近的丹徒、兴化二县也遭受灾害，汪应庚也捐输米粟予以救济。

乾隆三年(1738)，淮北、淮南等两淮地区出现大旱灾，许多地方颗粒无收，又造成许多灾民。汪应庚独自捐银四万七千余两，投入救灾。赈灾期满，还有许多灾民没有回归家乡，汪应庚又在两淮设立粥饭场所八处，独立赈济一个月，用去大米三万石，以一两银子一石米救济十人计算，这次救济人数近八十万人。乾隆五年(1740)，淮南发生大水灾，汪应庚又独捐银六万两，并且又设立粥厂赈济，这次赖以存活的灾民有十万人。以上三次赈济，汪应庚救济的灾民近百万之众。这是何等的功德啊！

对于汪应庚的重大善举，地方官上报至朝廷，朝廷特授他光禄寺少卿之衔。府县屡次推举他为乡饮大宾，他却力辞不赴。足见汪应庚不是贪图名声的人，他的施善乃是真心所至。

利世济人

汪应庚的广博施善，其次表现在平日的利世济人方面。对于投资教育事业，汪应庚从不吝惜重金。乾隆元年(1736)，他见江甘学宫因岁月已久，失修多年，以致倾颓不堪，便捐金五万，予以重建，使学宫辉煌轮奂，焕然一新；又捐两千余金，购置祭祀乐器等用品，使之无不周备；还拿出一万三千金购买肥腴之田一千五百亩，全部归诸学宫，将收获之金以备每年修缮费用，以及协助乡试的资金，并且请“永著为例”，署名立项，士人称为“汪项”。

汪应庚家族居住扬州已有数世，他早把扬州作为第二故乡，因此留在扬州的义举卓著难述。对无钱安葬者，施以棺槥(小棺材)，助其安息；对冬日缺被少衣的贫穷者，给以棉絮和棉袄，以度严寒；对有病而缺药医治者，设药局施药，救死扶伤；对于翻船溺水者，派人竭力营救；对于被遗弃的婴儿，予以收留，进行抚育。扬州古雷塘是扬州西北之要津，因塘所阻，行人不便。乾隆三年(1738)，汪应庚在此塘上架石桥一座，从而便利了百姓通行。

汪家自高祖侨居扬州，离开故里歙县潜口，到汪应庚时已一百多年。但对故乡思念之情却未中断，凡是亲戚、族人有婚丧之事，汪应庚都是有求必应，毫不吝啬。乾隆四年(1739)春天，汪应庚已是花甲老人，对家乡的思念让他不顾年迈，轻装简从，拄着手杖，毫不张扬地返回了徽州歙县，展拜祖宗茔墓和先祖之祠。这次在路过杭州时，他还发愿要捐资施与云林寺僧，修葺殿宇。

汪应庚还捐资更新修建了五烈祠、贞节墓等，并向当局请求给他们予以旌表。对这些需要修而增广者，他都不惜捐资。

构建林园

汪应庚的广博施善，还表现在投入扬州的园林建设方面。

在扬州府西北四里，西接仪征、六合县界，东北抵茱萸湾，隔江与金陵相对之处有蜀冈，是扬州为首之山。其东岸有山名功德山，亦名观音山，高三十三丈，上建观音寺，一名观音阁，自宋代至清朝，历代皆有修葺。汪应庚即是清代重修一新者，修后的观音阁，悬有“渌水入澄照，青山犹古姿”一联。冈右为司徒庙，与平山鼎峙，经修废举坠后，顿改旧观。

清代扬州很多园林都是徽州盐商建造的

蜀冈有三峰，中峰与东峰断，与西峰连；中峰之东，山脊耸峙，旁尾下削，由峒口松风水月桥，经山麓小路转三四折上岭，上多松柏，即万松岭，岭上建有万松亭。江外诸山，至此可一览无余。汪应庚在此山栽松十万株，亭亦他所建，岭名亭名皆因汪应庚投资栽松而得。亭中供奉御书“小香雪”石刻。人们因此岭而称汪应庚为“万松居士”。小香雪即十亩梅园，在万松岭内，西界平楼，东至万清雅，乾隆皇帝赐名“小香雪居”，并御制诗一首云：“竹里寻幽径，梅间卜野居。画楼真觉逊，茆屋偶相于。比雪雪昌若，曰香香澹如。浣花杜甫宅，闻说此同诸。”据说，平山向来无梅，只因盐商汪应庚捐资种万松岭后才有人植梅于此，既资清赏，又兼利贫民，故不加禁止。当时，御史曹楝亭扈跸至扬州，眼见此景，亦不禁作诗，其中有“老我曾经香雪海，五年今见广陵春”之句，记写此处之胜也。

平山堂在蜀冈上，宋庆历八年(1048)二月，欧阳修任扬州知州，半年后改任兵部尚书，构厅事于寺之坤隅，江南诸山，拱揖槛前，像是可以立即攀跻，名曰“平山堂”，是扬州一处胜景。当年刘敞、梅尧臣等都曾在此写下诗句。康熙元年(1662)改为寺。康熙十二年(1673)舍人汪懋麟(字蛟门)修复平山堂，堂之大门仍居寺之坤隅，门内种桂树，缘台阶数十级上行春台，台上构厅事，额曰“平山堂”。康熙十四年(1675)，汪懋麟又拓堂后之地建“真赏楼”，楼下为“晴空阁”，楼上祭祀宋代诸贤，堂下为讲堂，门额曰“欧阳文忠公书院”。六十余年后的乾隆元年(1736)，汪应庚出资重建，还增置“洛春堂”，其名因欧阳修《花品叙》中有“洛阳牡丹天下第一”之语而得；又于堂西建“西园”。自是改门额为“平山堂”，书院之名开始革去。康熙皇帝特赐“平山堂”、“贤守清风”、“怡情”、“澄旷”四幅匾额。汪应庚还用重价买堂旁民田，别开浚一池，“天下第五泉”的真迹于是开始闻名。《扬州竹枝词》中有词道：“万树松栽费万钱，万松亭在万松巅。更添胜景超前辈，另凿平山第五泉。”

清代扬州平山堂由汪应庚出资扩建

好儒修志

汪应庚是两淮盐商总商，是位大商人，但他并非满身铜臭，而是具有吟咏之才，这正是徽商“贾而好儒”风格的体现。史载汪应庚“工诗及书法”，且“暇时颇与宾客倡和为乐”。自然他不以诗名世，遂无专门诗稿。但他做的诗也有被当时文人记下而得以传世的。现举他的三首诗为例，亦可看出他的文学之才。第一首《登楼口占》：“楼际落银河，一望烟如埽。只雁渡长江，孤峰秋自老。”展现了作诗的人登上高楼后所见的一番秋日的景象：银河似落于楼际，烟霭一望如扫，形影成单的孤雁飞渡长江，独耸的孤峰如秋天的老人，颇有一点哀怨的心境。

第二首《偶占》:“溪上闻人声,山阴看古树。几峰瘦削成,正在层楼处。”这里表现的却颇是开朗的心情,溪上有人不孤独,山阴有树且苍古,山峰数座如刀削,且耸立在层楼之处,显然有好的心境。第三首《春宵夜话》:“雨积东皋月不晴,黄鹂睡稳夜无声。奚童烹得新茶熟,野寺钟声正一更”。这表达了大商人汪应庚在一个春夜里的意满自得,品新茶,闻钟声的愉悦心情。

汪应庚所建寺庙

汪应庚不仅写诗歌抒发经商和生活中的情绪,还于乾隆七年(1742),他生命历程的最后一年,纂著了《平山堂揽胜志》(十卷),记述了以平山堂为主体的扬州园林及其建筑,给后人留下了重要文献。

汪应庚也重视对子女的教育。其子汪起,字震潜,于雍正六年(1728)担任刑部湖广司郎中。汪应庚曾用家书告诫在京的汪起说:“刑法至重,鞠讯维严,哀矜勿喜。汝为司属,宜殚心明慎,无偏执,无袒徇,务期研求再四而后安。”意思就是你所处的刑部乃是执法之处,审讯要严谨，不要喜怒于形色。你只是一介司属，更要谨慎心明，公正无私，不能意气用事，要反复推敲，以免出差错。他的孙子汪立德，字健堂，继承祖父汪应庚担任总商，在祖父的影响下，认真经营盐业，使家业继续发展。他也像祖父一样慷慨捐输于朝廷，获钦赐三品奉宸苑卿衔，并使祖父汪应庚、父亲汪起得到二品资政大夫的追封。

在汪应庚的亲族中，还有汪良仕、汪士明父子在扬州业盐致富，并应诏输粟边关，汪士明得授中书舍人，入值武英殿；有汪秉德在乾隆南巡时捐资供办大差，得钦赐三品按察使衔。

乾隆七年(1742)的一个秋日，汪应庚身体忽感小恙，谁知“小恙”竟让他走向生命历程的终点，“合掌西向而逝”。颇有些像是参禅入佛后的圆寂。更为奇的是，汪应庚去世时，他的家人都闻到满屋飘着白梅檀香的气味。这或许是汪应庚生前所做善事太多，以至于上天垂怜于他，让他死后流芳吧。

潭渡黄氏“四元宝”

民国《歙县志》载，“邑中商业以盐、典、茶、木为最著。在昔盐业尤兴盛焉。两淮八总商，邑人恒占其四。各姓代兴，如江村之江，丰溪澄塘之吴，潭渡之黄，岑山之程，稠墅潜口之汪，傅溪之徐，郑村之郑，唐模之许，雄村之曹，上丰之宋，棠樾之鲍，蓝田之叶皆是也。”本篇所述之“四元宝”，就是其中的“潭渡之黄”。元宝乃是中国古钱币的一种名称，铸成马蹄形状，有金元宝、银元宝两种。人被别称为“元宝”，当是指他富有钱财，潭渡黄氏四兄弟就是富有钱财的人。民国《歙县志》又载：“彼时盐业集中淮扬，全国金融几可操纵。致富较易，故多以此起家。”黄氏四兄弟正是寓居扬州，以经营盐业而起家致富的。

潭渡黄氏源于唐

潭渡是个古老而秀美的村庄，距歙县城仅五公里。源于黄山的丰乐河从村前流过，波光粼粼，岸柳依依。据史料记载，有位名叫黄积的人，字元集，于西晋间官任考功员外郎，后来随东晋帝室南渡，于东晋元帝大兴三年(320)任新安郡太守，遂举家从江夏安陆源口迁居新安。

任职期间，他居官洁己克勤，褒扬善者，纠正邪风，民众都称赞他的德政。他卒于任内，被安葬在姚家墩，百姓为他建立祠墓之所用以祭祀。他的儿子黄寻随父亲在任，父亲亡后便建庐于墓旁，居住守护，于是姚家墩亦称为黄家墩或黄墩，到明代程敏政才因此地多篁竹，改名篁墩。黄积被尊为新安黄氏一世祖。新安第十三世黄璋自篁墩迁居歙州郡西九里的黄屯，再过三世，到第十六世黄芮，才由黄屯迁居潭渡，为潭渡黄氏之始祖。据志书和宗谱载，黄芮事亲以孝传闻，唐德宗建中年间（780—783），继母洪氏疾病，他割下大腿上的肉煨炖成肉羹，奉给继母服食，竟然使继母的病痊愈了。后来父亲去世，他在墓边搭棚守护，昼夜号泣不绝，结果墓侧长出灵芝来。歙州刺史以为这是黄芮的孝心所至，于是上表朝廷给以表彰，皇帝闻知，即下诏旌表潭渡黄氏门闾为“孝行里”，以褒赏贞孝之举。这自然是皇恩浩荡，荣耀无比。黄氏族人便环墓以居，从此繁衍旺盛起来。

歙县漳潭

潭渡清代画家黄凤六曾绘有《潭渡郡落闾里全图》，图上屋舍错落有致，道路纵横贯通，绿树掩映全村，耕田散布四周，村前有河潺潺湲湲，村后有山岗岗坡坡，古桥横跨丰乐河上，楼屋祠坊耸立村中，一派古朴雅致气象。据老人传说，整个村形如一只渡船，宗祠前一株巨樟恰如一杆船篙，老桥处是上渡船之跳板，水流至此形成深潭，遂取村名为“潭渡”。

千余年来，潭渡黄氏居民在此徽州盆地的平畴田野间辛勤耕耘，繁衍生息，演绎着生动的故事，创造着不平凡的业绩，诞育着可歌可泣的人杰，科举场上中进士、举人者很多，还有学者、画家、诗人，最著名的是清代开皖派朴学先河的黄生和近现代国画大师黄宾虹。自然，经商者也为数不少。记载较早的有明代嘉靖间的黄镛，字时振，号松涧，他赋性敦厚，少年时就力学于科举，存在以经书济世的志向，由于父亲黄东园公在科举上的失利，使黄镛产生愤慨之心，于是弃儒经商，在福建、浙江、齐鲁商游三十余年，赢得赀大丰裕。他虽是一介商人，却也洞悉天人盈虚之数，进退存亡之道，到了将近耳顺之年，便幡然归来，将资本悉数交给儿子，嘱咐他们励志，不要丢弃先业。到了清代，便有黄氏兄弟“四元宝”的产生。自然，他们与黄镛是否有上下传承，尚不得而知。但同属潭渡黄氏宗族却是肯定的。四兄弟是黄晟、黄履暹、黄履炅、黄履昴，他们吃苦耐劳，兢兢业业，以业盐起家。发家致富后，他们各有术业专攻，分别为中国的园林建筑、出版印刷、医学普及、慈善公益等都做出了很大的贡献。

筑园刻书“大元宝”

黄晟，字东曙，号晓峰，也有称呼为退庵，在家族兄弟中排行老大，以经营盐业著称，人们称他为“大元宝”。他的家安置在扬州康山之南。他喜爱构筑园林建筑，如“易园”、“槐荫草堂”、“亦政堂”、“趣园”等这些富有文化气息的堂号都是他所建立的。黄晟也痴迷于投资刻书业，曾经为了购买一个孤本，一掷千金。而到了晚年却更加痴迷刻书，尤其是一些古代书籍。据记载，黄晟一生共投资刻成《太平广记》、《三才图会》、《三古图》、《山海经水经合刻》、《至圣编年世纪》、《通志二十略》等数十种名书，总数七百余卷，可以说黄晟经营盐业收入中的大部分资金都投入在内。特别是《太平广记》，目录十卷，共五百卷，为宋代歙县人吕文仲等所纂修，是宋代四大书之一，部头大，卷数多，因所需资金太大，很少有人刻此书，明代中叶十山谭氏得到它的抄本，开始梓刻印行，后来长洲许氏重刊。乾隆八年(1743)，黄晟根据实际进行创新，校雠翻刻，改成袖珍窄本，方便了读者，满足了社会需求。他的藏书还印有“黄晟东曙氏一字晓峰”、“重校刊于槐荫草堂”、“黄晟东曙之印”、“晓峰一字退庵”等印，以作为标志。可见黄晟不仅是一位富有的徽州盐商，也是我国古代出版史上有一定地位的出版家。

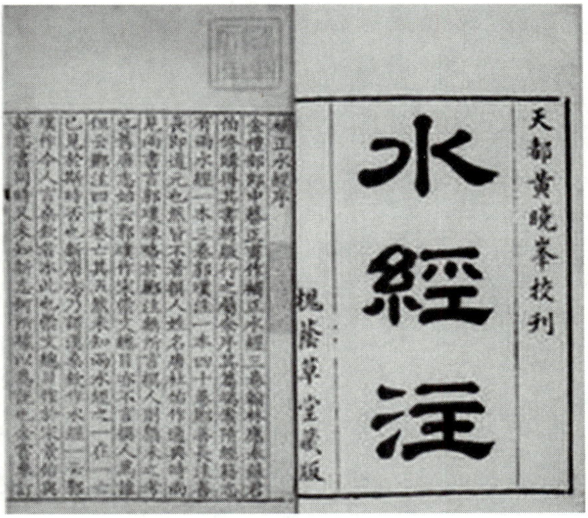

清代徽商黄晟所刻《水经注》

致富后的黄晟，还为家乡潭渡村的三元桥重修作了贡献。此桥南通古溪村，北抵潭渡村，先前为木结构的桥，明代潭渡黄九功改易为石墩，桥面仍为木结构；清初黄孝先重修。乾隆六年(1741)，黄晟重修时，将桥墩桥面尽改建为石，共有七个桥洞。黄晟之所以要改建此桥，还有一段有意思的故事。说是乾隆四年(1739)，黄晟奉母亲回故里展墓。当时此木桥边为潭渡黄氏大宗祠，后人前往祭祀，不能骑马过桥，否则视为不敬，遂下马步行过木桥，然而行至桥中间便有高处不胜寒之感。黄晟母亲徐太淑人当即产生了建桥之心。祭祀之后，徐太淑人即从身上解囊，捐出所携带的银子七千两，交给黄晟，要他建造大石桥。黄晟即遵母亲之命，自己又出资，而且得到族人相助，遂于次年(1740)开工，费时三年，于癸亥年(1743)落成，长三十三丈，宽一点六丈，共费银一万四千两。一桥横贯东西，大大改善了两岸交通。

爱医传医"二元宝"

黄履暹，字仲升，号星宇，排行第二，人称"二元宝"。他居住在扬州倚山之南，也很喜爱构筑园林，建有"十间房花园"。此外，扬州著名胜地"四桥烟雨"花园也是他所建，所以又名"黄园"。乾隆皇帝南巡在此游玩后，非常喜欢这个花园，就赐名为"趣园"，并御制诗一首，云："多有名园绿水滨，清游不事羽林纷。何曾日涉原成趣，恰值云开亦觉欣。得句便前无系恋，遇花且止足芬芳。问予喜处诚奚托，宜雨宜旸利种耘。"黄氏兄弟好构名园，曾经以千金购得建造园林的秘书一卷，学习造制宫室之法，所以他们每一个造作都颇为构思精巧，人们虽有淹博之才，也不能考究出他们所造出自哪里。该园接江氏的"江园"环翠楼，入锦镜阁，飞檐重屋，架夹河中。阁西为竹间水际下，阁东为回

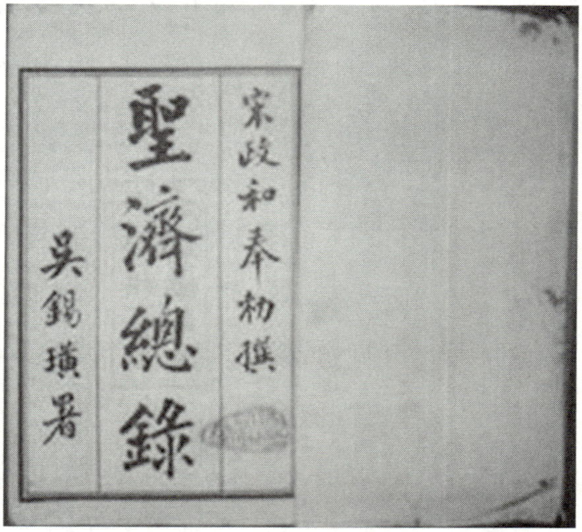

清代徽商黄履暹所刻《圣济总录》

环林翠，园中小山逶迤，还筑有丛桂亭、四照轩、金粟庵等建筑。还有长春桥西岸的"水云胜概"也是他的私家花园别墅，也称"黄园"。园内有"吹香草堂"、"随喜庵"、"春水廊"、"云山韶濩台"等建筑。可谓繁华。

黄履暹还特别钟情于医学，是乾隆时期专攻、研究医药书籍方面著名的出版家，刻有《圣济总录》、《大德重校圣济总录》等。值得一提的是《大德重校圣济总录》共二百卷，此为医学上收集药方的书，它图文并茂地收录了药方近两万个，是著名的中医要籍。黄履暹还曾邀请苏州名医叶天士（亦有说叶祖籍歙县）到家中，向他讨教医学，一时座中聚集了王晋三、杨天池、黄瑞云等名医，考证药性，并在倚山旁开设"青芝堂"药铺。许多苏州城中百姓身患疾病都依赖此铺医治。他又为叶天士刻印了《叶氏指南》一书。乾隆南巡时，黄履暹也出资承办接驾事宜，受到皇帝的赞赏，并荣获加官一级的奖励。

亦官亦商"四元宝"

黄履昊（许承尧《歙事闲谭》卷二十三《黄晓峰四兄弟》写作炅），字昆华，排行第四，人称"四元宝"。他先在刑部为官，后担任武汉黄德道道员，属州一级官员。他在京的官邸在宣武门外，后改官武汉，遂把官邸捐给家乡作歙县会馆使用。后来他辞官从商，经营盐业，居住在扬州阙口门，如同两个兄长一样，也乐构园林，建造了"容园"。乾隆中期他回家乡，见族中多有穷苦者，即捐资在歙县东乡梅渡和西乡莘墟等地购买田地，用来救济族中鳏寡孤独四种穷人。他还捐助修建了新安广仁义学，并刻《御制耕织图诗》书两册，以黑、绿两色套印，装裱十分精致。

热心园林“六元宝”

黄履昂，字中荷，排行第六，人称“六元宝”。他的家亦在扬州阙口门，也与兄长们喜好相同，热心园林建设，建造有“别圃”，还出资修建了“虹桥”。《扬州画舫录》载，“虹桥即红桥，在保障湖中”，“朱阑跨岸，绿杨盈堤，酒帘掩映，为郡城胜游地”。桥在林下尽处“如垂虹下饮于涧，又如丽人靓妆照明镜中”。此桥最先是明代人架的一座木桥，桥栏杆为红色，故名“红桥”。因年久失修，木桥已摇摇欲坠。乾隆丙辰年(1736)黄履昂出资改建成石桥，因桥如垂虹而改“红”为“虹”，是为虹桥。桥上建有过桥亭，桥附近建有“虹桥书院”，皆为纪此桥之胜景。有词人作《梦香词》称赞道：“扬州好，第一是虹桥。杨柳绿齐三尺雨，樱桃红破一声宵。处处住兰桡！”还有画家宗定九作《虹桥小景图》、卢雅雨作《虹桥揽胜图》、方耦堂作《虹桥春泛图》、明春岩作《虹桥待月

徽州石桥

图》以记之，足见当年"虹桥"之美。许多游客于此上船泛湖而游，品茶饮酒。每年正月，必有盛集；而到二月初二祭祀土地神，又以虹桥灵土地庙为最，谓之"增福财神会"。不仅黄履昴热心公益事业，他的两个儿子也颇有乃父风范，长子黄为蒲修筑了"长堤春柳"一段，次子黄为荃修筑了"桃花坞"一段，春柳、桃花皆为胜景之地增光添彩。

黄氏在扬还有人

歙县潭渡黄氏家族在扬州，除"四元宝"外还有多人。《扬州画舫录》中记载他们经商之事甚少，但叙述了他们的为人、学识等，进一步表明"潭渡之黄"所以能够被《歙县志》列入歙县在扬州"十二家"盐商之中，不是偶然的。他们是：

黄其林，字仰岑，寓居江都，为人方正不苟，乐善好施，见义勇为，每在途中遇到有争执的事，必上前为他们劝解。他的朋友曾经开玩笑地将他关到妓院里，看他能否度过"美人关"？他便终夜危坐，以致连妓女也不敢冒犯。足见他方正不虚。他生有两个儿子，长为德煦，次为承吉。

黄德煦，字次和，其林长子，秉性豪迈，是一位鉴赏家和收藏家，善于鉴别古物，所收藏元人书画最多。

黄承吉，字谦牧，其林次子，幼年即好学，其中学习唐人诗律颇有所得，故年方十二，即以《白蝶》一诗，为当时名家金棕亭博士所欣赏。他曾论诗云："五言之源，倡于苏（武）李（陵）。"也从事于经学，著有《读周官记》若干卷。他居住江都时，与江郑堂、焦里堂、李滨石等文士学人颇有交往，且关系友善，在当时有"江焦黄李四友"之目。嘉庆戊午年（1798）赴乡试，黄承吉高中解元，六年后（1805）又考中进士，即补授广西省兴安县知县。然而不久他即辞官业盐，因以致富。他天资过人，经商之余，笃志研讨汉儒之学，深得其中精微的内涵；还通历法算术，能够分辨中西间的异同；又工于诗文，自出机杼，不屑写作世俗之文。他曾注解潭渡黄氏族人黄生所著的《字诂》、《义府》二书，其中多有所阐发明了之处。他还著有《梦陔堂诗》三十五卷、《梦陔堂文说》十三篇，其中后者洋洋洒洒凡三十余万言，所论为古人所未有，以论汉魏诗尤具卓识。

还有黄标（字时准）、黄楝（字建宁）、黄楫（字兰舟）三兄弟，他们也以经营盐业起家，致富于扬州。其中黄楫工诗，曾参加皇宫所设的“千叟宴”；黄楫之子黄文辉，曾被召试担任中书之职。

从对歙县潭渡黄氏“四元宝”和家族其他商人的叙述，可见徽商亦贾亦儒、贾儒结合的特点。

“以布衣上交天子”的盐商江春

清代扬州是两淮盐商荟萃之地。古代士农工商，商人本是四民之末，然而盐商却非比普通商人，他们依附官府，广交显贵，有的甚至仰攀皇帝。乾隆年间就有一位被时人誉为“以布衣上交天子”的徽州大盐商，他就是江春。

继承父业　嗣为总商

江春祖籍徽州府歙县江村，其祖父江演自明末就迁扬州，从事盐业经营，“竭蹶营造，无一宁息处”，终于成为一个大盐商。康熙南巡，驻跸扬州，“公跪迎于门，蒙温语相劳，公亶亶奏对，天颜大霁，赐以宸翰克食，亦异数也”。父亲江承瑜也继之业盐。康熙六十年(1721)，江春就出生在这样一个盐商世家。

徽商向来贾而好儒，“贾为厚利，儒为名高”，他们在经商致富后总是希望子弟能够业儒仕进，显亲扬名。江春少时，父亲就让他攻读举业。初为仪征诸生，拜金坛太史王步青为师。在王步青的悉心教诲下，江春学业进展很快。他善属文，尤擅于诗，年轻时就以诗闻名扬州。乾隆六年(1741),二十一岁的江春满怀信心参加科举,希望蟾宫折桂,一举成名。谁知他时运不济,踬于科场。徽州习俗,非儒即贾。业儒仕进这条路既然走不通,江春毅然弃儒服贾,辅助父亲,走上了经商业盐的道路。

清代盐商江春画像

清代盐法实行的是官督商销,也就是继承明制实行纲引制度,每年额定运销之盐称为一纲,由盐商(又称纲商)向官府缴课(税),取得盐引,然后到指定盐场向场商买盐,再运到朝廷划定的地区销售。盐商实际上分成两类:一类是场商,专门向灶户收买食盐;一类是运商,专门从事食盐运销。运商是盐商的主体。运商人数很多,故又称散商。清政府为了控制散商,乃在散商中佥选家道殷实、精明强干之人充当总商。两淮盐区,总商一般有二三十名。实行这种制度对政府来说,可以确保盐课的征收。总商实际上是具有官商双重身份的人,对官府,他是盐商的代表,可以反映盐商的愿望和要求;对散商,他又可以各种名义进行摊派,盘剥散商,从中牟利,致富比较容易。但这种角色也很难当,搞得不好,上下都不满意。

江春的父亲江承瑜就是总商,江春随侍父侧,耳濡目染,潜移默化,对国家的盐业政策、制度也都了然在胸,成了父亲重要的帮手。乾隆十四年(1749),江承瑜病故,由于江春“练达多能,熟悉盐法”,深受盐运使的器重,所以也被佥为总商。江春任总商后,凭借其卓越的业盐才能,不仅赢得了官府的信任,“凡重事,皆与擘画”,而且也为众多散商所拥护,"每发一言,画一策,群商拱手称诺而已"。所以江春在总商任上,一干就是四十年,直到老死。如果加上他任总商之前的几年业盐活动,则如时人评价所说的:"身系两淮盛衰垂五十年。"自然江春在几十年的总商位上,也积累了巨额财富,成为首屈一指的大富商。

广交名流 博取声名

江春出任总商后,利用自己特殊的身份地位,广泛结交显贵名流,扩大自己的社会影响。

江春结交最深的自然是盐政官员,包括盐运使和巡盐御史。盐政官员是直接代表皇帝管理盐政事务的,他们多是皇帝的亲信和宠臣,能够直接影响并参与盐业政策的制定,更能决定总商的命运,所以历来总商与盐政官员结交深厚。一个有权,一个有钱。一个要以权谋利,一个是以钱买安,从而形成互相利用的钱势之交。时人对此看得十分清楚,一针见血地指出:"官以商之富也而朘削之,商以官之可以护己而豢之。"盐商为了巴结利用盐政官员,拿出大量金银以满足盐政官员奢侈生活的需要。乾隆五十八年(1793),据董椿奏称:"两淮盐政衙门每日商人供应饭食银五十两,又幕友束脩笔墨纸张并一切杂费银七十两,每日供银一百二十两,是该盐政一切用度,皆取给商人。以一年计算,竟有四万三千两之多。"要知道这只是公开的开销,至于盐商私下所给的"好处"还不知有多少。自然这一切都是通过总商之手来"孝敬"的。

乾隆元年(1736)、乾隆十八年(1753),卢见曾两次出任两淮都转盐运使,其时江春正在总商任上,故与其关系极厚。乾隆三十八年

(1773)、三十九年(1774)江春私家别墅“水南花墅”里所种芍药花开并蒂,为一奇观。江春设宴广邀达官显贵、骚人墨客前来观赏。卢见曾也赶来助兴,不仅与宴赋诗,还将并蒂芍药绘成图形,广为征求诗稿。江春也即席赋诗奉和。卢见曾酷爱古玩,而古玩价格昂贵,卢见曾凭他微薄可怜的薪俸是根本无力购买的,江春则投其所好,为其代办,最后共支付古玩银一万六千余两。

发生在乾隆三十三年(1768)的震惊两淮的提引案,也生动说明了江春与盐政官员的权钱交易关系。乾隆中叶,由于社会经济发展,社会秩序安定,人口增多,官盐销量大增,两淮行盐口岸销畅售旺,本年应行盐引往往不敷销售,乃预提下纲部分盐引以资接济。如乾隆二十九年(1764)预提乙酉(三十年)淮南纲引三十万道、淮北纲引十万道,乾隆三十年(1765)又预提丙戌(三十一年)纲引二十万道、乾隆三十一年(1766)又预提丁亥(三十二年)纲引二十万道、淮北纲引五万道,乾隆三十二年(1767)也照此数预提下纲盐引。所有预提盐引,均须按引

清代徽州盐商在议事

纳课。纲盐的畅销，自然给盐商带来巨大的利润。

大量的白银装进盐商的钱囊，引起了清政府的垂涎。为了在正常盐课外还能从商人身上榨取更多的油水，清政府想出了追缴“余利”的新招，即预提盐引除了引价以外还有“窝价”，即所谓余利，这部分余利应该归公。于是乾隆三十三年(1768)清政府策划了一起震动两淮的提引案，清查两淮历年预提盐引之余利银。据江苏巡抚彰宝等奏:“两淮预提纲食盐引目，乾隆十一年起至三十二年，共预提淮南淮北四百九十六万六千六百二十二道，内除食盐五万一千二百二十八引口岸甚疲，非纲引畅销可比，及淮北纲盐四十九万零二十道向无余利，均不计算外，惟淮南所提纲引共四百四十二万五千三百七十四道，历年引价高低不一，每引值银二两，递加至三两不等，按年核算，商人除完纳正项钱粮外，共有余利一千零九十二万二千八百九十七两六钱，俱系归公之正项，乃历年各盐政从未议请归公，始则散给商人领运，听其渔利自肥，继则选择总商分赏，以作奖励示惠，该商等或代购器物，结纳馈，或借差务浪费浮销，种种情弊，不可枚举，所有查出各款银两，自应尽数追缴，以清国帑。”经户部核查，应缴余利银中，除奉旨与拨解江宁协济差案及解交内务府抵换金银牌课与一切奏明动用并因公支取例开

乾隆为徽州盐商洪徵治园林赐名“倚虹园”

销银，加上现贮在库归款银共七十二万余两免其追缴外，其余一千零一十四万余两均应如数追缴。

当然，这一大笔银两并未全部落入盐商腰包，其中有辛力膏火银、总商代各任盐政购办器物用银、各商办差用银共九百二十七万余两，还有各商代盐政吉庆、高恒、普福购办器物作价银五十七万余两，各商支付高恒家人经收各项银二十余万两，各商代高恒办做檀梨器物银八万余两，为卢见曾代办古玩银一万六千万余两，盐政普福还向运库支用纲银四万余两，并拒不签字具名。这一切清政府都不认账，统统要盐商赔缴。从中我们固然可以看出清政府的蛮横无理、盐政官员的贪婪无耻，但也可看出江春与盐政官员的关系了。作为总商，这一切当然要通过江春之手操办。所以，“当提引事发，人情危惧，公（江春）毅然赴质，比廷谳，惟自任咎，绝无牵引。上识公诚，置商不问，保全甚众。”诚然，说乾隆“置商不问，保全甚众”，是不可信的，事实上，一千余万两银子，商人不得不忍痛赔缴，只是后来因实在难以全赔，才奉恩旨豁免三百六十三万余两，众商共掏出六百余万两银子，谈何“不问”？所谓“保全”，也只是商人保住了自己的身家性命而已，至于白花花的银子，商人自然无法“保全”了。

江春除了和历任盐政官员过从甚密外，还广交四方文人贤士。江春建有“秋声馆”，接纳四方来扬名士，如金兆燕、蒋宗海等都是“秋声馆”的贵客。为了附庸风雅，江春利用一切机会，摆设盛大宴会，广邀四方名流，与宴赋诗。如乾隆三十一年(1766)十二月十九日，乃苏东坡诞辰七百三十周年，江春于小山僧之寒香馆悬挂苏轼像，邀集名流赋诗纪念，一时文人学士如尚书钱陈群、学士曹仁虎、编修蒋士铨以及金农、陈章、郑燮、黄裕、戴震、沈大成、江立、吴烺、金兆燕等都前来赴会。江春“或结缟纻，或致馆餐，卑节虚怀，人乐与游”。可见江春与文士名流关系之密切。

秋声馆

除了重大的节日以外，江春也经常举行诗文会，邀集名流赋诗填词。诗成，盛宴款待，宴后再由家中蓄养的戏班，演出"曲剧三四部"，文人学士既饱口福，又饱眼福。临别时江春还有各种礼物相赠。江春的挥金如土，赢得文士名流、达富贵人的交口赞誉，使江春名声大振。

报效政府　仰攀皇帝

为了巴结清政府，每逢军需、河工、灾济之时，两淮盐商都踊跃捐输报效。据嘉庆《两淮盐法志》统计，从康熙十年至嘉庆九年(1671—1804)的一百多年间，盐商以各种名义报效政府的银达三千九百余万两、米二万一千余石，其中以江广达(江春盐号)名义捐输银数总计一千一百二十万两，真正是"百万之费，指顾立办"。这些银两，固然大多摊派众商，但江春自己也掏出不少，故也曾出现"家屡空"的情况。

尤其在乾隆南巡期间，江春殚心竭虑、精心策划，赢得了隆隆圣眷。乾隆好大喜功，在位期间曾六次南巡，扬州是其翠华必临之地。为了迎驾，盐商日夜忙碌。江春"创立章程，营缮供张，纤细毕举"，可谓效尽犬马之劳。即使在"坚冰冻人须，积雪没马足"的隆冬季节，江春也不敢有丝毫懈怠，仍然"相携趋辇毂"。为了博取皇帝欢心，江春可谓费尽心思，不惜万金。《清稗类钞》云：

> 高宗巡幸至扬州，时江某为盐商纲总，承办一切供应。某日，高宗幸大公园，至一处，顾左右曰："此处颇似南海之琼岛春阴，惜无塔耳！"江闻之，亟以万金赂近侍图塔状。既得图，乃坞鸠工庀材，一夜而成。次日，高宗又幸园，见塔巍然，大异之，以为伪也。既至，果砖石所成，询知其故，叹曰："盐商之财力伟哉！"

虽然这一夜塔成之事可能有所夸张，但从中确可看出江春仰攀皇帝的良苦用心。

扬州瘦西湖白塔

由于江春实心报效，故能"独契宸衷"。乾隆六次南巡，江春得到的赏赐最多，"御书'福'字、貂、缎、荷包、数珠、鼻烟壶、玉器、藏香、拄杖、便蕃，不可胜记"。尤其是乾隆三十六年(1771)南巡，于金山召见江春，亲解御佩金丝荷包面赐江春，圣眷优渥，被视为“异数”。南巡结束后，乾隆五十年(1785)，高宗以“御极之五十年”在京师举行千叟大宴，江春与其族兄江进应召赴宴，并获赐杖之荣。

最使江春感到荣耀无比的是乾隆“借帑舒运”，乾隆三十六年(1761)，“赏借”江广达银三十万两，乾隆五十年(1785)又“赏借”江春二十五万两，二次共赏借帑银五十五万两。江春在乾隆年间获得“赏借”之多“为盐商之冠”。所谓“帑银”，照盐商的话说就是“万岁爷发的本钱”。尽管这“帑银”仍按月息一分起息，尽管这“帑银”有时并非从皇家仓库内务府中实支，而是从众商公捐银中扣除，但也是无比光荣的事。不仅光荣，还可得利。江春拿到这笔“帑银”，其实并非自己营运，而是转手以高利率贷给其他商人。如乾隆三十六年(1771)江春获借“帑银”三十万两，月息一分，年息应缴内务府三万六千两，但他马上又以月息一分八厘的利率贷给另一总商王履泰，年得息银六万四千余两，扣除应缴内务府息银三万六千两，还可得两万八千余两。举手之间，江春不费吹灰之力，就凭空得到两万八千余两息银。

生活奢侈　昙花一现

江春的祖父江演“处家至俭，一布袍屡浣不易，一茧被数十年不更制，非筵宴，尝蔬茹，无醲鲜之奉，有齐晏子风”。然而传至三代，到江春时，这种“齐晏子风”已被丢失尽净，巨额的财富，使江春的生活愈益奢侈。

他大造园林，作为自己游憩之所。据李斗《扬州画舫录》载：江春居扬州南河下街，建有“随月读书楼”，楼对面又筑“秋声馆”，徐宁门外又购买一大块空地辟为校射场，人称“江家箭道”。又在附近建有亭榭池沼、药栏花径，名曰“水南花墅”。另外在扬州东乡有“深庄”别墅，在北郊有江园，在重宁寺旁建东园，因家与康山比邻，又构筑“康山草堂”，如此等等，不一而足。这些别墅名园在当时堪称名胜，但还比不上他的另一名园“净香园”。乾隆曾四次游幸此园，吟诗题联，流连忘返。康山草堂也两次成为乾隆驻足之地，并御笔题诗、题联、题额，一时传为美谈。

他广蓄名伶，以为消遣交游之用。他不惜重金，招聘名角，建立德音、春台两个戏班，仅供家宴演出，岁需三万金。

江春常常举行家宴，款待达官显员、文人骚客，“食顷已毕，或曲剧三四部，同日分亭馆宴客，客至以数百计”。江春私人所蓄戏班，荟萃了各地著名优伶，推动了徽剧艺术的发展，后来随着徽班进京，又对京剧的形成和发展起了重大的促进作用。

江春作为总商，和其他徽商一样，热心公益和慈善事业。阮元曾说过：江春“周急济贫，加意于书院、养老院、育婴堂诸事，每发一言，画一策，群商拱手称诺而已”。扬州的安定书院、梅花书院、敬亭书院、维扬书院以及几所义学、大多为徽商捐资修建，办学经费也由盐商捐助，其中也有江春的一份力量。另外，扬州的育婴堂、普济堂等地方慈善组织的建立和运行，江春也有“发言”、“画策”、赞助之功。

盐商是在清政府的羽翼下发迹致富的，同样也在清政府的盘剥下破产亡家。江春就是一个缩影。江春任总商期间，凭借种种特权，攫取了巨额财富，但是巨额的报效捐输以及他奢侈无度的生活，挥金如土的交游，也消耗了他的大量资本，随着整个盐商的衰落，他也陷入了“贫无私蓄”的困境。晚年江春已经由于“家产消乏”而无力营运了，还是乾隆五十年(1785)赏借“帑银”二十五万两“令其作本生息，以为养赡之计”。但是“帑银”有借必还，既不能拖欠，更不能短少，江春此时已无力偿还本银，只得靠“鬻产及金玉玩好以足数”，不然就难免被清政府追缴“帑银”而抄家没产。乾隆五十四年(1789),江春病死,身后几乎未留下什么家产,使得其唯一的继子江振鸿“生计艰窘”。江春旧有康山园一处,几成瓦砾场,但无力修葺。乾隆传谕,令众商出银五万两承买此园,作为公产,其银两赏给江振鸿营运,毋庸起息,再拨借“帑银”五万两,照例起息。江振鸿就是靠这借来的十万银作为资本,维持生计。

想当初,江春叱咤风云,上交天子,下接显贵,何等荣耀,何等风光。然而,曾几何时,昙花一现,身死业败。江春一生,从发迹到衰败,恰恰是包括徽商在内的两淮盐商兴衰的缩影。

(史华)

“稠墅汪”：三世五任盐总商

“布衣交天子”，布衣者，百姓也；天子者，皇帝也。二者交往，是神话，亦不是神话。只要做了与皇帝有利的事，神话也可变成现实。且看，在清代，处在“四民之末”的徽州商人，就有几个都得到皇帝的召见和赏赐，如江春，如胡雪岩，还如本文要介绍的主人公汪廷璋。因为他们不仅做了商人本身赚钱的事，而且还越位做了很多“赚钱”之外的有益于国家，有益于社会，有利于巩固朝廷大业的事。

张海鹏、王廷元主编的《徽商研究》指出：“盐业在实行纲运制前，盐的运销是由个体商人独力承办。他们凭引支盐，然后运至行盐地域出售，这都是‘人自为战’。自纲运制实行后，支盐和运销都是以‘纲’为单位进行。‘纲’有总商、有散商。总商上交运司，下统散商；散商根据自愿‘附于总商名下’结纲营运。”这表明总商既是众盐商的代表，又是盐政衙门的代表，是‘官’与‘商’之间的纽带与桥梁。当然，他也是商人，但是盐商中销引多财力最雄厚者。歙县稠墅汪氏一家是四世五人接连担任总商，这在众盐商中可说是出类拔萃的。本文分而叙之。

“天狗”之命的汪允信

歙县是明清徽州府所辖的六县之一，处在万山之中，崇岭叠嶂，溪流贯穿，虽貌若碧衣仙女，环绕条条白练，风景优美。但因地隘斗绝，湍悍少蓄，寡泽易枯，不利农耕，人口又逐渐增多，使县内之民用出浑身之力去耕耘田地，终难获得一年的丰收，仍不能自给自足。为了生存，不少歙县人被迫走上商贾之路。南北朝时即有经商的萌芽，唐宋以后逐渐增多，到明代正德末年、嘉靖初期更形成“出贾既多，土田不重”之情形（意思是说出外经商者多，对田地耕种不再重视）。

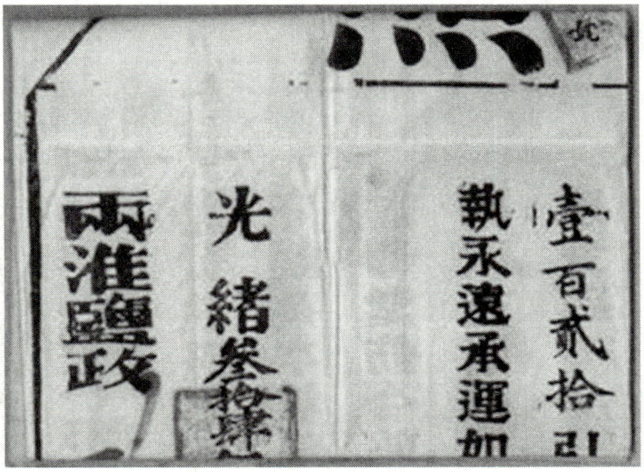

清代行盐执照

明万历《歙志》卷十说：徽商经营的行业“特举其大，则莫如以盐策之业贾淮扬之间而已”。汪道昆在《太函集》卷二中进一步指出：“新安多大贾，其居盐策者最豪”。徽商业盐，是随着明初洪武年间实行“开中制”而出现的，即因战事所需，允许商人以输纳粮食换取专卖的盐引。徽州离两浙、两淮盐场较近，许多徽州商人便集中在两淮业盐，而盐商中又以歙县人为多，也以业盐者最富有。稠墅汪家在两淮入纲业盐，是从汪镳开始的。到了汪镳儿子汪景星（字大千）时，已迁居扬州，且以业盐致富，“甲第为淮南之冠”。汪景星生有三子，即汪允信、汪允俶、汪允簰。汪允信即是“稠墅汪”第一代盐商总商。

汪允信，字资政，号交如，为两淮盐业二十四总商之一，孝友尤笃，身材魁梧，声如洪钟，呼唤一声，数里外都可闻知；而且双目炯炯有神，很具有穿透力，甚至人们在夜间可见他的眼睛里发光，可谓“神奇”！为何有这般神奇？谁也不知道，甚至连测字看相算命的“术士”也难以解释，只以他“属天狗命”来推托。而且他勤俭持家，守得住家财，所以家富千万。家和万事兴，汪允信很注重家庭和睦，他一家五世同堂共灶一起生活，彼此之间没有闲话，没有纷争，和睦相处。家和也有益于健康，因此，汪允信寿年很高，享年八十。人们称其家族为“铁门限”。“天狗”汪允信生有两个儿子，长为汪廷璋，次为汪觐侯。

谨慎坦白的汪廷璋

汪廷璋（？——1760），字令闻，号敬亭，是汪允信的长子，自幼习攻儒业，喜爱研读经史，十三岁时，就已能吟诗作文，而且谈论起古今得失来，俨然像一位饱学的硕儒老宿。富有儒者之风、好蓄古玩、且颇有怡情逸致的汪廷璋，本可以在科举路上博得精彩，但在家族的需要下，毅然投身于两淮盐业的经营之中。富有文化基础的汪廷璋在业盐的商场上，很快就游刃自如，所以到二十岁时，就接过父亲的班，继任了盐业总商一职。任职中，他善于听取众散商的意见，表现出“谨慎坦白，无所矫激”的处事风格，所采取的“赞襄举措”，都行之有效，遂获得众盐商的拥护和赞

乾隆御赐“福”字

扬。善于经营,又善于充当总商之职,"稠墅汪"家比先前更加富有,财富已超千万两。这时,汪廷璋还清醒地看到,两淮盐税已是"甲于天下"了,朝廷给了盐商们以很大的好处,让大家富裕了起来,那么盐商们也应当报效朝廷,承担一些助饷、捐赈、兴办工程等相关国计民生的事情,于是积极倡议,带头捐输。同时,他身为总商,又要配合盐政衙门一起,"量入计出",尽力做到既有利于国家,又不至于拖累众盐商,方方面面他都处理得很好,上下皆很满意。乾隆十六年(1751),乾隆皇帝第一次南巡扬州,汪廷璋便热情地与两淮巡盐御史及其他盐业总商一道,率领着众盐商奔赴蜀冈御码头,齐刷刷地站在接驾亭上,恭恭敬敬地迎接圣驾到来。乾隆第二次南巡时,汪廷璋也是接驾的带头人。乾隆二十二年(1757),他还兴建了"熙春台",以备乾隆皇帝南巡时游览观瞻。

汪廷璋忠于朝廷的举动,得到了朝廷的丰厚回报。乾隆十六年(1751)冬天,他就获得入京恭贺皇太后寿辰的良机,得到三十张貂皮的赏赐。当时得觐天颜者仅六人,可见"布衣交天子"是不容易的。乾隆第二次南巡时,在江都高旻行宫摆宴赏赐众盐商和官员们,汪廷璋得到御书"福"字的赏赐。而且乾隆帝还以他踏实承办差务,踊跃急公好义,下诏曰:"宜沛特恩,以示嘉奖",赏了他一个"奉宸苑卿"的职衔。乾隆二十七年(1762),皇帝还恩准汪家在故里歙县稠墅建树牌坊一座,名叫"褒荣三世"坊,荣耀不仅及于汪廷璋本人,而且追溯到他的父亲、祖父。汪廷璋的努力,使"稠墅汪"家的事业达到了一个高峰。

汪廷璋晚年筑"六浅村舍"以安居,表现了他那远离商场之后的闲云野鹤般的心境。他生有二子,长子名熙,次子名焘。

弃儒业盐的汪焘

汪焘(1735——1769),字宇周,号式溪,汪廷璋的次子。像父亲一样,汪焘自幼也很聪颖,异于常人,读书明理,也是一块奋战科举的好材料。他看到祖父汪允信在老迈之年,还在协助父亲操劳,于是很不忍心,便主动放弃科举之途,和长兄汪熙一起,佐助父亲业盐,成了汪廷璋的左膀右臂。乾隆二十五年(1760),祖父汪允信、父亲汪廷璋相继逝世,全家悲哀至极,家业几乎崩毁。在此危难之时,家族推举汪焘继任盐业总商,其兄汪熙全力协助,兄弟共同经理稠墅汪氏盐业,并担负起总商的职责,使家业继续富至千万。汪焘亦是身怀儒风,办事能够因时制宜,公私交济,同行业的商家得到他的策划和指点,都往往称赞他才干杰出。乾隆二十七年(1762),汪氏已建数年的熙春台,终于迎来了乾隆皇帝的大驾光临。乾隆游览观瞻后,非常愉悦,连连说道"甚合朕意。"遂以恭办帝驾南巡大差有功,赏赐汪焘以按察使衔,让其进入官场。这当然是虚衔,并非实职,但身份与地位皆提高了。

然而,汪焘身体素质一向瘦弱,年纪轻轻接过父亲的班后,连年以来,出门治理繁杂的盐务事项,回家还要处理琐碎的家政事务,虽有兄长相助,但持筹握算之决断却皆出他一手,每日如此精力消耗,让他渐渐承受艰难。于是在父亲逝世九年后的乾隆三十四年(1769),夙疾发作,遂难以起复而逝,年仅三十六岁,正当英年之际。这是"稠墅汪"的重大损失。不过汪家还有继任者,使家业持续下去。

不让须眉的汪太太

接替汪焘担任总商的是他叔叔汪覲侯的儿子汪坦。汪坦,字硕公,其父汪覲侯是汪允信的次子,汪廷璋的胞弟。汪覲侯与汪廷璋不同的是,“勇力过人”,一介武夫,不问商事。汪坦则与父亲不同,有一定的经营商业的头脑,所以当汪焘逝世便接过堂兄的班。他字“硕公”,结果被误传为“石公”,出现在一些文字资料中,这是需要更正的。汪坦娶张方颐之女为妻,生子三人,长子承璧,字观成;次子承基,字培初;三子承塾,字起群。硕公接任两淮八总商之一,本可兢兢业业地继续下去,谁知他又天不永年,数年后亦即辞世。汪家又遭一难,眼看后继无人,然此时却有一位巾帼挺身而出。她是谁呢?

她是汪坦之妻张氏。她非常能干,堪称女中豪杰,主持门户,继丈夫硕公汪坦担任盐业总商,成为两淮几百年来数以百计的总商中唯一的女性,在扬州非常出名,人称“汪硕公太太”,因语音之误而被讹传为“汪石公太太”或“黄十公太太”。

扬州五亭桥

汪硕公太太做事豪爽，出手大方，不让须眉，其门下有很多食客，凡有求于她的，大都能如愿以偿。她家中蓄养有许多优伶，即旧时以唱戏为职业的人，曾经叫他们演出戏剧来做消遣娱乐。扬州城每当灯节来临，儿童都制作花鼓灯笼在街头戏游，汪硕公太太都要招进家中来表演，而这些戏游的人也都乐意得到太太的赏赐，从而争相趋之。在乾隆皇帝第五次南巡之前数月，汪硕公太太在扬州城北郊择购荒地数百亩，仿照杭州西湖风景，建筑台亭园榭，以准备乾隆御览。待到乾隆即将驾临时，有人提出园中还缺少一个池沼。汪硕公太太立即独自出资数万金，连夜召集工匠，赶造成功三仙池一方。翌日，乾隆驾临，大加赞誉，赐给汪硕公太太许多珍贵之物。汪硕公太太在两淮的名声从此更加远播。乾隆第六次南巡，住扬州天宁寺行宫，这天宁寺距离小金山三里，乾隆皇帝常往那里巡游。这小金山山在水中，颇像镇江京口的金山，乾隆颇为喜欢，唯感遗憾的是，只能遥望数里之外的夕阳薜荔之中，见城楼一角，而近看则空然无物。汪硕公太太听闻此事后，连夜组织数千人，拆除城内大屋，移建其地，传递木材、砖瓦物料的人，列成长队，竟然一个晚上就完工了。转日，乾隆皇帝再游小金山时，见到旧貌已变新颜，不禁对近前的侍卫惊呼道："何其速焉?!"并问是何人所为。近侍告诉说，是汪硕公太太所建。乾隆皇帝大声叹道："富哉商乎，朕不及也!"

汪硕公太太有如此气魄，如此壮举，亦可见她在盐业经营上和总商之位上也是颇有作为的。

"稠墅汪"的族人

徽州商人的商业经营一般是以宗族乡党的结合为核心而进行的，

稠墅汪氏亦是如此。那么，除了上述历任总商的三代五人外，“稠墅汪”家族还有哪些人呢？据《扬州画舫录》记载，还有以下人员。

汪允俶，字载南，汪景星次子，“天狗命”汪允信（交如）之弟，汪廷璋之叔，书中未载其参与经营事迹，却言其也是好善乐施之人，熟悉药性，曾经向患者施舍“紫雪丹”、“再造丸”等药品，即使一粒价值千金也不吝惜；而到岁暮之时，则拿出钱来周恤孤寡，因此被世人称为“笃行君子”。汪允俶生子汪廷珍，字君赞，是一位谦逊的君子，一生循规蹈矩。汪允俶有两个孙子，长孙汪羲，字暨和；次孙汪义，字质夫。兄弟二人一生友爱，还与盐运使朱思堂友善，所以到后来家贫时，正值朱运使的公子朱尔登出为江南驿传道，子孙得到朱氏赡养。汪义（质夫）还是另一个大总商、歙县人江春（字鹤亭）的东床婿。

汪允髓，字学山，汪景星三子，书中未载其行状。生子汪廷斑，字度昭，曾在瓜洲设立普济堂，救活了几千人，事迹被载入《两淮盐法志》。有孙名汪灏，字右梁，号竹农，秉性古朴雅致，工诗画，家中蓄藏古人名画极为丰富，所交游的人皆是一时名士，扬州“西园曲水”就是他的别墅。

汪廷瑄，字鲁佩，号朴园，是汪廷璋同辈的族兄弟，秉性喜好游山玩水，一生曾九度游览黄山，晚年信好佛教，隐居于真州（今江苏仪征）西“石人头”别墅。

汪某，汪廷璋族弟，为邑中诸生，博学通经。生子字兰圃，亦博学工诗，书法以程高（字香南）为师。

汪焜，字象炎，号亭山，工诗，有书法作品《圣教序》。少年时，汪焜曾随从江剑门入蜀，当时江剑门任重庆知府，他便充任幕府宾客，经营谋划很得信任。他从蜀地出来，下三峡时，遇水浪打翻行舟，所幸保住一命，耳朵却被水花所浸淹，以致重听。他再来到扬州经营盐业，握算持筹，几乎没有失算，因此也致富。善于饮酒，曾在家族聚会时，当众立饮酒百余升，酒量可谓大也。

“稠墅汪”的族人

汪端光，本名龙光，字剑潭，乾隆三十六年(1771)考中举人，后官任国子监学正，工诗词，书法宗米芾。其母梁氏，字兰漪，是位工诗的女士。

汪文锦，字绣谷，工诗词，书法工篆籀，且精于铁笔。

从上述可看出，“稠墅汪氏”族人，在经商致富之后，大都崇尚儒学，喜好诗词文章书法等等，也表明徽商好儒之风。

“稠墅汪”与“熙春台”

徽商致富之后，利润投向的一个重要方面即园林建设，不仅在家乡徽州是如此，而且在他们的产业驻地也是如此，尤其是在有“徽商殖民地”之称的扬州，许多园林都与徽商有关。这在《扬州画舫录》中有大量记载。稠墅汪氏作为三世五任盐业总商的家族，在扬州的园林建设上也留下了厚重的一笔。

汪氏所建的“春台祝寿”在莲花桥南岸，建筑的是一个呈扇面的厅堂，其状“前檐如唇，后檐如齿”，两旁像八字一样敞开，其中的虚槅如折叠聚头的扇子，可谓奇也。而更奇的是，厅内的屏风、窗牖，又各自成为扇面。其最佳的状况是，在夜间，厅上点燃灯笼，灯光掩映在水中，整个如一盏扇面灯。厅后有园，园中有太湖石壁，有十余丈的水池，池上构楼，池内植白莲，堤外是新河，但池高于河，堤上筑以花木篱笆，用稀疏的窗槅间隔，使得内外水气相通，廊门相连，且梁上有匾额，柱上悬佳联，自然之美、建筑之美与人文之美交融一起，珠联璧合。如集宋之问的“花柳含丹日”与卢照邻的“楼台绕曲池”两诗句为联，真是组成了一个“玲珑花界”，充满了美感。

汪氏所建的“熙春台”在新河弯曲之处，与莲花桥相对。其台基砌的是白石，而且用石栏相围，中间为露天之台。此台颇有气势，第一层横可跃马，纵可置方轨，且分中左右三阶递步上下。第二层建的是一座方形阁楼，它有上下三层。下一层正中匾额即题曰“熙春台”，两边悬挂一副对联，上联用杜甫“碧瓦朱甍照城郭”之句，下联用刘禹锡“浅黄轻绿映楼台”之句，即景表之，恰如其分。柱壁上画云气之纹，屏上则绘万朵牡丹。上一层匾额题曰“五云多处”，左右亦悬对联，上联为李顺诗句“百尺金梯倚银汉”，下联为王淮诗句“九天钧乐奏云韶”，显出楼台高峻的气势，柱壁与屏幛，皆画云气之纹；而飞甍反宇，则五色填漆；上面覆盖五色琉璃瓦，两翼复道阁梯，皆呈螺丝状辗转而上下。左通圆亭重屋，右通露天之台，照耀水中，一片金碧，如昆仑山五色云气变成了五色流水，令人目迷神愰，应接不暇。如此佳境，乾隆皇帝驾临，品赏游览一番，岂不喜上心头，笑逐颜开，从而大加奖赏。台名“熙春”，何意？据《尔雅·释诂》解释，熙，有“光”、“兴”、“广”、“和”几种意思。晋武帝时潘岳《闲居赋》中有“凛秋暑退，熙春寒来”之句；老子《道德经》中亦有“众人熙熙，如春登台”之句。这些表明“熙春”二字蕴含着吉祥、和煦、兴旺、光彩等多种含义，寄托着一种美好的愿望，也让瞻仰者、游览者闻之高兴。徽商倾尽财力巧造林园，其主要目的就是迎合皇上，迎合朝廷，当然长期享受的还是自己。汪廷璋所建熙春台，俗称“大花台”，也是两淮人士“献寿呼嵩”之所，名之“春台祝寿”。乾隆中期，巡盐御史伊龄阿曾奉旨在扬州设局审定戏剧，许多戏班子在各家戏台演出，以熙春台最盛，观者往来如云。乾隆八十寿辰，四大徽班进京，“春台班”在其中。因此，汪廷璋对戏剧的发展也贡献了一定力量。

《扬州画舫录》所载徽商兴建的园林之一

真正称为“汪园”的还是原来的“篠园花瑞”，亦即“三贤祠”，在扬州冈西廿四桥旁，为清康熙间当地人种芍药之处，后歙县人、翰林程梦星告归扬州，购此处为家园，植花木，架厅榭，建亭阁，因有竹畦而名之为"篠"。到乾隆时,程梦星穷困潦倒,面对圮损之园无力维修。遂由程之同年友、职任两淮转运使的卢雅雨出资修葺,并以其中"春雨阁"祭祀宋欧阳修、苏东坡和清王文简三位文人贤才,于是篠园改名"三贤祠"。后来此园为汪廷璋所购,遂称"汪园"。名园易主,自有一番改建,"熙春台"便建于园中,台左撤去"苏亭",构阁道二十四楹,并以最后的九楹开各下门,为篠园水门。"三贤神主"被撤至桃花庵,原"三贤旧殿"改建为"翠霞轩"作园中厅事,旁边种植百株牡丹,轩内悬一联,上联用唐诗人元稹诗句"日映文章霞细丽",下联用唐诗人白居易诗句"山张屏幛绿参差"。可见园林的兴衰,也体现了人事的盛败,真乃岁月无常。

"稠墅汪"与文士

贾而好儒是徽商的一大特点,这主要表现在两个方面,一是他们在经商的同时,也爱好儒家的文化修养,读书、吟诗、作画,支持教育文化事业;二是喜欢与文士们打交道,甚至不惜花钱养之。稠墅汪家也具有这个特点。《扬州画舫录》中就记载了在汪廷璋的园林里,聚集了大批的文人名士。这些文士来自各个地方,且不拘一格。

方贞观,字南堂,安徽桐城人,在汪家坐馆当先生,工诗,书法宗唐人小楷,著有《南堂集》。他的弟弟方息翁也在扬州,坐馆于徽商程家。兄弟二人,时号为"桐城方"。

王宗献,字起津,杭州人,工书法。

方士庶,字洵远,一字循远,号环山,又号小师道人,歙县人,寄籍江都,善画山水,王原祁后推为第一作手,还工诗,著有《环山诗钞》。长年事汪氏为主,当时汪廷璋很器重他,以千金延请名师黄尊古来到座中，指点方士庶作画，因此方士庶山水画水平大有长进，其风格气韵骀宕，有青出于蓝胜于蓝之势。

黄溱，字正川，扬州人，与汪廷璋十分友善，经常到篠园来看方士庶作画，并与之切磋，于是山水画也因此有大的进步，便折节称方为师，自己甘居弟子。同时与黄溱拜方士庶为师的还有黄颐安。黄溱最擅长的是拳勇骑射，还特别对史学有很深的造诣。

金时仪，字朝九，作画以父亲金天德为师，尽得父亲之学，又善仿梅花道人作品，为当时所称道。此人于学无所不窥，其中以诗、字、画为最，一时被称作“三绝”。

康以宁，字静之，钱塘人，康石舟之子，秉性磊落，为人直率，工诗善画，喜好饮酒，可立饮千钟，当时与汪家子弟汪焜为一门酒友。

姜彭，字又篯，扬州人，画翎毛为第一好手，山水学唐寅，花卉学元人，老而益精，可惜的是不能作书。他的儿子姜吉士，善围棋，有国工之技，即达到国手的水平。

王镜香，工画，其事迹曾载于《国朝画征录》。

张洽，字月川，浙江人，工山水，有一种大痴神理之态。晚年在栖霞买山建房居住，许多画家随从他游学。汪灏闻其名声，即延请他到汪家，既从师，又结为画友，于是汪灏的山水气韵也大为长进。

薛含玉，性好游览山水，五岳游遍，曾经登上黄山之顶，精于鉴别古画。其子薛铨，字衡夫，善画山水，得五代南唐著名画家董源、巨然山水之精髓，当时在扬州的画家中，以薛铨为第一。

陈燮，字理堂，泰州人，乾隆丁酉年(1777)拔为贡生，工诗，在汪灏家坐馆。

毕考祥，字旋之，乃仪征县秀才，亦工诗，书法精于小楷，起初居于其族人、官制军的毕秋帆幕中，回仪征后，与汪灏结交，号为“诗友”。

黄晋畴，字锡之，是黄襄臣之孙，汪懋俻之婿，工诗。

综上所看，这些汪家的座上客，个个都有自己的看家本领，各不相同的风格在一起进行探讨和交流，无疑会激发他们的灵感，增进他们的技艺。汪廷璋爱好文化，重才惜才，给名人志士以优厚的物质保证，使他们全身心地投入艺术创作，从而为繁荣文化事业做出了可喜的贡献。

两淮总商鲍志道

在安徽省歙县城西七八公里处，有个村庄，如今每天游览人群络绎不绝，人们眼望着那耸立在村口甬道上一连七座拔地而起的石牌坊，不禁从心底发出阵阵惊叹！这是什么地方？为何有此宏伟的建筑？这里面一定有发人深省的故事。不错。这村庄名叫棠樾，一连七座牌坊就是国家文物保护单位——棠樾牌坊群。民国《歙县志》所列明清盐商十二家中的“棠樾之鲍”就在这里。而其代表人物就是曾担任两淮盐业总商的鲍志道。对于他的故事，请让我们一一道来。

显赫家世棠樾鲍

徽商的兴起和发展，与他们的家世宗族总有着千丝万缕的联系。鲍志道的经商故事也是如此。要叙述棠樾鲍氏宗族当追溯到公元2世纪的西晋太康年间(280—289)，鲍伸由户部尚书拜护军中尉，奉命镇守新安郡。四十多年后。鲍伸之孙鲍弘于东晋咸和年间(329—331)担任新安太守，见这里山清水秀，风景旖旎，举家定居郡城西门。后裔尊鲍伸为新安鲍氏一世祖。到新安第二十六世鲍荣以文学之职

（教授五经的官吏）起家，于北宋大中祥符年间（1008—1016）在时称唐越之地营建别墅"掌书园"，作为发展的场所。直到南宋建炎元年（1127），他的第四世孙鲍居美、鲍居安，才自十五里牌正式定居别墅，并将"唐越"演绎为谐音"棠樾"，取《诗经·甘棠》中的棠叶繁茂，清樾覆地的含义，纪念先贤、歌颂德政。此后子孙繁衍流传，逐渐形成西门、蜀源、岩镇、棠樾四大支派，其中棠樾支派最为著名。

棠樾牌坊群

棠樾鲍氏崇尚儒术，忠孝持家，是号称"以孝繁衍"的家族。宋朝末年，徽州府守将叛乱，民众惊慌逃窜。棠樾鲍宗岩、鲍寿孙父子躲于山沟里，不料，还是被贼寇抓住，匪徒把鲍宗岩绑在树上准备杀之。寿孙惊慌，伏地乞求放过老迈的父亲，表示自己愿代父死。鲍宗岩见此，痛苦万分，要求杀死自己，保全儿子。这"父慈子孝"的一幕连众寇也深为感动，遂将父子二人都释放回家。此事后被载入《宋史》中，得以流传。明朝永乐年间，朝廷编纂《孝顺事实》作为教化民众的材料，下派使臣搜集民间忠孝礼义事迹。徽州地方官员将鲍氏父子事迹呈报上去，永乐皇帝闻后，亲自赋诗赞颂："父遭盗缚迫凶危，生死存亡在一时；有子诣前求代死，此身遂保百年期。救父由来孝义深，顿令强暴肯回心；鲍家父子全仁孝，留取声名照古今。"明弘治年间，朝廷敕令建立"慈孝里"牌坊，将这首诗镌刻坊上，历经百年，至今仍然屹立在棠樾村口。

宗岩父子“父慈子孝”的义行对后世影响很大，此后棠樾鲍氏族人更是以慈孝自律。明朝宣德、弘治年间的鲍灿，性敏通达，读书有成，却宁愿在家侍奉高堂。当老母亲脚上生疮，化脓腐烂，难以医治，即将危及生命时，鲍灿闻说如果排净脚上毒血，或可不药而愈，于是他不顾自己安危，早晚两次为母亲吮吸毒疮。果然，一段时间之后，母亲脚上的毒疮痊愈了。鲍灿侍母至孝的行为被广为传颂，后明朝廷闻知，亦特别恩赐建立牌坊以表彰至孝之行。以节孝之行得朝廷恩赐建坊予以旌表的，还有清代孝子鲍逢昌，节孝妇鲍文龄妻汪氏、鲍文渊妻吴氏等，他们的事迹至今都在牌坊群这组历史的化石上作无声地诉说。

在徽州，在歙县，在棠樾人心中，科举及第，金榜题名，才是名门望族的最重要标志。因此，棠樾人也努力奋斗着，并取得良好效果。元朝时，鲍同仁(1292—1374)，字国良，号静轩，姿禀清癯，有志操，读书博学，通蒙古文字，于元泰定元年(1324)，赴试翰林院，考中国书第一，即蒙古释褐状元翰林学士，授职全州学正，历任会昌府同知，并旁通针灸之术，治无不中，著有《通元指要二赋注》及《经验针法》。到明代，棠樾鲍氏十六世祖鲍象贤，字复之，号思庵，于嘉靖八年(1529)中进士，历任过四川道监察御史、户部刑部右侍郎、兵部左右侍郎、太仆寺卿和都御史等职务，曾远戍边防，备兵云南，统辖陕西、两广等省军事，尤其在平定云南叛乱中功绩卓著，多次受到朝廷的封赏。年过七旬的鲍象贤告老还乡，于隆庆二年(1568)病故棠樾老家，又得朝廷追赠工部尚书之职，并予以祭葬，崇祀乡贤，建坊旌表，荣耀备至。因此，他被鲍氏子孙尊为支祖，堂树“宣忠”匾额，这一脉就是“宣忠堂”支派。随后，鲍氏还有不少人走上仕途。如鲍象贤孙鲍梦英登科入仕，先任河南开封府通判，后升为山东都转运盐使司同知，兼管莱州府海防事，因“心勤防输”，颇有才干，晋阶为朝议大夫。鲍象贤侄孙鲍献书，在隆庆间诏选廷试中获第七名，后谒选为曲阳令，任上见沙地不宜禾黍，鼓励民众栽植桑枣，并给予奖励，不二年，青绿遍野；又公正执法，维护贞母，得上官赞同；于是擢升南京户部山东司主事，不久转升广东司员外郎，晋升刑部郎中，一生廉洁，公而忘私，被赞为“清白吏”。

棠樾鲍氏不仅因以“慈孝”传家和累世显宦而著名，而且也因世代经商累资巨万而富甲一方。早在明代洪武年间，鲍汪如就在江浙等地经营盐业贩运。继他之后，鲍氏家族经商之人代代不断，据《棠樾鲍氏三宗宗谱》所载至清乾隆二十五年(1760)止的资料看，棠樾鲍氏自十一世(元代)到二十四世(清乾隆时)的十三代人中，有一百一十名经商者。而真正大振家声的是乾隆年间的鲍志道。

家道中落闯四方

鲍志道，字诚一，号肯园，生于清乾隆八年(1743)，殁于嘉庆六年(1801)。他是明赠尚书鲍象贤九世孙，虽然祖上地位显赫，可如今已辉煌不再，但仍然居住尚书旧第之宣忠堂。鲍志道曾祖鲍士臣是以“廉贾”而称于世的，到了志道一代已家道中落。虽然如此，亦儒亦贾的鲍家，仍然不放弃科举之途，所以鲍志道七岁即入塾读书，母亲还为他单独聘请一位老师，主要使之潜心攻读，不受干扰。他母亲宁肯自己吃糠咽菜，待老师也“食必修洁”。晚上燃火纺织，母亲经常叫他一旁读书。他非常体谅母亲的苦心，遂遵命大声读之，使母亲很是高兴。母亲这样做的目的，自是指望他有朝一日能金榜题名，重振门楣。然而到了鲍志道十一岁时，家中生计实在难以维持，遂不得不放弃学业，随着族人外出闯荡。当时家中已是捉襟见肘，连带点盘缠上路都是奢望。母亲难过异常，她记得鲍志道小时候戴的帽子上还有一枚“康熙通宝”，就从箱底找出他儿时的襁褓，襁褓崭新依旧，帽子上的铜钱也不曾脱落，只是穿褴褛的人如今要远离家园了。母亲摘下铜钱给鲍志道带上，握着他的手说道："儿啊，这可是我们家仅剩的一文铜钱了。今后，家庭兴旺就要靠你了啊！"鲍志道含泪接过铜钱，郑重地贴身藏好，心中暗暗发誓，总有一天，我会让家人生活富足。并取字"诚一"，既表示诚心专一之意，也谐音"剩一"，以表纪念。

没有盘缠，鲍志道一路风餐露宿，靠着族人的接济来到鄱阳。族人介绍他到一家店铺学习会计。初来乍到，没人会真正教一个毛头小孩学会计，叫他干的每天都是端茶送水、抹桌扫地、上门板、倒夜壶等杂活。但鲍志道人虽小，却机灵，只要有机会他就跑到柜台前看掌柜和大伙计们算账，晚上再一个人练习打算盘。他在家本已读过经史，因此经过几年的磨炼，已是熟悉会计业务和一些经营之道。此后，他来到浙江金华寻找机遇，不久又到江苏泰兴栟茶场打工，再辗转飘零到湖北等地，都无法立足。奔波了近十年，鲍志道可谓历尽艰辛。有一次，在金华道上遭遇雷电暴雨，同行者死于雷劈，而鲍志道幸而无恙。在客居泰兴栟茶场寓所时，夜遇大火，睡梦中他被惊醒，裸奔而出，又侥幸保住性命。这一年，鲍志道二十岁，已经到了及冠之年，一条缙绅大贾的商船幸运地将他带到两淮盐业中心扬州。辗转多年，鲍志道决定定居下来，在这里好好干一番大事业。十年的商场磨砺，鲍志道不仅增长了见识，积累了经验，对时下盐业商情也有了充分的了解。崭新的前景正在召唤他前去博取。

一碗馄饨赐良机

鲍志道到了扬州，开始人地生疏，只好在一家豆腐店里帮助记账，后来被荐到栟茶场盐灶生产地去。当时，扬州两淮八总商，歙人恒占其四，其中就有歙县西溪南吴尊德家。吴尊德，字宾六，世代业盐，自明至清，已历二百余年，到此时这个钟鸣鼎食之家，荣华已是远逊于往昔了。当时扬州盐业已显出不景气，所谓“芬华靡汰”、腐化堕落之风勃兴，管理松懈，生产疲滞，转运失调，加上私盐泛滥，课税日紧，浮费倍增，许多中小盐商力不从心，面临破产，甚至靠借贷过日子，即使是大盐商也经营吃力。有鉴于此，大盐商吴尊德不愿将祖业毁于一旦，急需物色一名精明能干的经理人来帮助扭转局面。怎样实现这个愿望？他决定公开招聘。对于鲍志道这个来扬州谋生的有志青年，自是一个很好的机遇，于是前去应聘。

大盐商吴尊德采取的考试真是别出心裁，他在考完会计课目等基本技能之后，还让伙计给那些受聘者每人面前摆上一碗馄饨，说是考核辛苦，犒劳大家，谁吃完了，谁就可以离开考场，并宣布明天还有一场考试，让大家好好准备。第二天，应聘者按时来到考场，吴尊德让监考先生宣读考题，要考生逐个答出昨天所吃的馄饨共有几只？有哪几种馅？每种馅各有几只？请各位把答案写在纸条上。听到这里，来应聘的人都傻眼了，一个个张口结舌答不上来，只有鲍志道说得一清二楚。原来多年商场闯荡的经验，让鲍志道敏锐地察觉到昨天的馄饨并不简单，于是仔细观察，才有了今天满意的答卷。对于鲍志道的答案，吴尊德高兴得哈哈大笑，拍拍鲍志道的肩膀，非常满意地领着这位年青英俊而又精明善思的小老乡，走进了他在扬州虹桥西岸的“吴氏别墅”。

走马上任后，鲍志道对吴尊德的商行进行了大力整改，废除原有的一些陋习，确立新的规章制度。经过一番努力，商行焕然一新，盐业营运也大有起色，不仅扭亏为盈，而且利润日渐丰厚，当然他也因此得到丰厚的报酬。

凭着吃苦耐劳，精明能干，在吴氏盐业施展才华多年的鲍志道，也为自己积累了一些资本，积累了丰富的经商经验。此时，他觉得受雇于人终不是长久之计，于是他辞去吴家的差事，在扬州独立经营自己的盐业。坎坷的经历让他锻炼出了敏锐的市场洞察力，并且依靠“注重质量”和“诚信”两个法宝，同时注重结交社会各层人士，织就一张广阔的人脉关系网络，使得自己经营中得心应手。经过几年的努力，鲍志道的盐业经营获得成功，家产累积至巨万，成为名副其实的富商大贾。

苦心奋斗为总商

鲍志道盐业经营如火如荼之时，也是两淮地区商业最为繁荣之期，巨商多至数百家，中小商人更是多如牛毛，尤其是盐商为商界巨贾。清政府为有效控制商人群体，就在盐商群体中挑选精明干练、家道殷实的商人中，签点三十名充当总商。所谓总商，就是官府与众散商联系的纽带，传达朝廷有关政策法令，但主要的是负责承管催追应征盐税钱粮等；而散商是些认引办运较少的盐商，隶属于总商名下，行盐须由总商担保，并通过总商反映自己的要求。总商则代表商人利益同官府进行交涉。后来，总商分为大总商和小总商，到了乾隆中期，又出现了权力空前的“首总”。鲍志道资本厚重，盐引又多，而且

清代盐商鲍志道像

在商界有一定的声望，于是被两淮盐政使选取担任两淮总商。总商有着半官半商的身份，享有官府授予的垄断特权，在盐政及地方事务中都有重要影响力，为其经商大开方便之门。然而位高人愈险，在看似风光的总商身份背后有着不能为外人道的苦楚。身为总商，要有超过常人的处事能力，凡是盐业的消长盈缩，以及公私百役，事无巨细，都要过问，处置稍有轻重，就会招致上下埋怨，所以很多熟知内情的人都对总商一职退避三舍。即使是当上此职，也都温顺恭避，遇事不置可否，而且相沿成习。但鲍志道在这个职位上一干二十年，处事公正无私，不因为亲疏远近而有差别，处理各种繁杂事务，一言既出，四方诚服，没有怨言。二十年的总商生涯里，他不仅得到众商人的拥护，而且也得官府信赖有加。纪晓岚曾称他“不自私其所有，而毅然敢任天下事”。

任上，鲍志道创建了一些对盐业发展大有裨益的制度。当时，两淮地区的盐外运，需要经过长江、淮河以及运河等水路抵达九江、汉口等口岸，漫长行程中会遇到很多意外，如风浪、触礁或者抢劫等，一生的航运中哪怕只遇到一次这样的意外，在没有保险机制的古代中国，这足以让一个商人濒临破产。鲍志道于是倡议“使一舟溺，则众舟助”，即如果某艘船遇险，众商人都要给予捐助，这样以人多帮助人少，不仅不会觉得吃力，而且也使受灾的盐商不至于倾家荡产。两淮盐商大多是常年往来贩运，都存在这样的风险，于是鲍志道的提议一出，盐商们都积极响应，并且切实执行，众商人称此为“津贴”。这一制度有效维护了两淮盐商的利益，保证了盐业运输进行，可以说是后“益”无穷。

物极必反，盛极而衰，乾隆末年，两淮盐业开始走下坡路。主要原因是，在朝廷眼中，盐商都是富得流油的肥羊，总是想方设法进行搜刮，一来二去，盐商只有通过提高食盐价格来保证收入。食盐价格一再提高，普通民众难以接受，只有通过其他的渠道购买食盐，这样就给贩卖私盐提供了市场。当时，福建私盐涌入江西，有蜂拥不可止之势。

江西一直是两淮盐商的主要市场，原本就因为盐价过高而销量大跌，这样一来淮盐更是少有人问津了，淮商利益大受损害。众商皆束手无策。当时正在总商任上的鲍志道，作为两淮盐商利益的代表，面对复杂局势，多次与官府交涉，又调动方方面面的关系，疏通各种关节，经过两年的不懈努力，终于扭转局势，渡过难关。经此一役，鲍志道在两淮更是声名远播。

节俭律己除奢风

扬州作为两淮地区盐业集散中心，富商大贾云集，随着盐业的蓬勃发展，资金多达百万、千万的商人不在少数。巨额的财富滋养了奢侈无度的恶习。当时扬州盐商竞尚奢丽，办婚嫁丧葬之事，堂室饮食，衣服舆马，动辄花费数十万。有某一家，每天饮食，都要叫厨师准备十几种菜肴，临食时夫妇并坐堂上，等仆人抬着食品摆到面前，茶点、面食、荤腥、素炒花色甚多。夫妻二人看到有不想吃的就摇头，仆人则察言观色，再换其他种类。有人好马，家蓄马数百匹，每只马日费数十金，早上骑着马从城内出城，黄昏从城外入城，真是五花灿著，观者目眩。有人喜好兰草，从门外到内室，全摆放得满满的。还有人花三千金，买下苏州城内所有的不倒翁，放进水中漂流，河面上密密麻麻都是不倒翁，以至于水流都不通畅。更有甚者想在眨眼之间花掉万两钱财，可是不知道该怎么办，遂有投其所好的门下客出主意，以金尽买金箔，载运到金山宝塔之上，迎风抛飏，顷刻之间金箔散尽，全飘落在附近草木之间，不可收复。扬州城内，这类竞奢斗富、竞奇斗异之事数不胜数，不可胜记。

鲍志道从小接受儒学教育，早年家境贫寒，又经历了闯荡商场的种种磨难，深知创业的艰辛。到扬州后，面对盐商的这种奢侈风气深恶痛绝。正好有个歙籍盐商郑鉴元，素好程朱性理之学，与他有同样之感，遂一起倡导勤俭之风，并从自家做起，以起表率作用。鲍志道家也拥有万贯家财，他和家人都以节俭相互劝诫，妻妇子女等都勤拿畚箕扫帚，洒扫庭除，不劳仆人。家门前不容车马停留，家中不请戏班演剧，阿谀奉承嬉笑玩乐之客，不留于家中。经过一段时间的努力，扬州奢靡之风大为改变。

急公议叙跻仕途

鲍志道担任两淮总商二十年，以其干练智敏的才干，斡旋于官（盐院等）商（众商）之间，在两淮盐务面临凋敝之际，“精心佐计，完物争时”，运用“张弛万变”的手腕，一举振兴了两淮盐业，在众商中享有很高的威望，家道也蒸蒸日上，藏镪百万，成为江南巨富。

他同时也深深懂得盐商能亨通发达，没有朝廷的庇护与封建特权的保障，是不可能的，也难以持久。因此他对朝廷的事业踊跃捐输，急公议叙，以谋取朝廷的赏赐。任职期间，鲍志道发动众商在税收、军需、赈济、河工等方面，向清朝廷捐输银子二千余万两，粮食十二万石。为此，清王朝对他倍加器重，从乾隆五十五年（1790）到嘉庆六年（1801）的十一年间，先后敕封他“文林郎内阁中书”、“候选道”、“奉直大夫内阁侍读”、“朝议大夫刑部广东司郎中”、“中宪大夫内阁侍读”、“朝议大夫掌山西道监察御史”等六个官衔。这些官衔虽然皆属虚职，但可享有政治和经济上的种种特权，便于同部曹守令相结交，并依靠他们保护盐业界的利益，如禁止私盐贩运、减免税收、回避额外勒索等等。嘉庆九年（1804），发生在鲍志道弟弟鲍启运身上的一起盐务公案得以妥善解决，即是一个很好的例证。那是鲍启运掌管淮北盐运时，被巡盐御史、旗人佶山告以抗佥误课罪，嘉庆帝为此连下三道谕文要予以处理。后得到鲍家故旧、两江总督、新任兵部尚书陈大文从中调停，终以输银五万两了结其事，而鲍启运安然无恙。

棠樾世孝祠为鲍志道所建，祠名为著名书法家邓石如所书

正因如此，鲍志道可上交天子，位比王侯。他曾以道衔恭祝乾隆八十寿辰而受到特恩。乾隆南巡扬州时，他曾代表两淮盐商去接驾。嘉庆六年(1801)，鲍志道去世，京都的缙绅耆旧和与他的儿子、官居侍御通政使的鲍勋茂结交的名士，都来灵堂前吊唁，痛哭流涕。嘉庆帝还下诏“准入祀乡贤祠”。大学士朱珪为之撰写墓表，翰林院编修、大学士纪昀为之作传记。

乐善好施树丰碑

鲍志道对自己、对家人要求严格，凡事节俭为先，但对家乡、对宗族建设、对社会公益却毫不吝啬，慷慨解囊，将致富后积聚的钱兴办了许多慈善事业。当时，他与别人不同的是“独不喜建佛堂道院”，而乐于把钱花在修桥铺路、办书院、建祠堂、置义田、为节孝人请旌和树立牌坊上。他独资修建了扬州康山以西至钞关北抵小东门的街道；歙县修建城西太平桥，他捐银最多；他又独资重建古关的古虹桥、修复城内的紫阳书院和城外的山间书院，并襄助学子膏火费；重整了城西五里栏杆沿山道路，以便行旅。他在棠樾故里投下重金，棠樾宗谱已有四十多年未修，他即捐资重修了《棠樾鲍氏宣忠堂支谱》；他恢复建立龙山“慈孝堂”，以供奉先祖宗岩、寿孙二公栗主；重修慈孝里坊和鲍灿孝子坊；重建“万四公支祠”，即“敦本堂”（俗称男祠）；改旧居“宣忠堂”为“尚书祠”，以纪念先祖鲍象贤。他还与弟弟鲍启运别出心裁地构筑了“世孝祠”、“女祠”，世孝祠供奉鲍氏自宋以来的孝子，女祠专供女主。鲍志道去世后，其弟鲍启运继承兄之遗志，捐义田一千二百余亩，分“体源”、“敦本”两个税户，分别救济族内鳏寡孤独四种穷人，并逢荒年开仓平粜，赈济族人度荒。连鲍志道的妻子也以积攒的私房银购田一百余亩，存入女祠，专作赡养周济女眷之用。

乐善好施牌坊

鲍志道出身世代书香门第，虽然盐务繁忙，却平日手不释卷，喜与文士结交。他侨居扬州时，与诗人袁枚往来默契，袁枚的《小仓山房诗集》中即有《龙山慈孝堂图为鲍肯园题》一篇。著名书法家、篆刻家邓石如更是鲍家的常年食客，鲍志道修鲍氏宗祠、世孝祠、文会，俱请邓氏书联、题额。鲍氏宗祠中，为《鲍氏义田记》撰题的名家有梁同书、刘墉、朱珪、黄钺、陈大文等；曹文埴、王文治、胡长庚等名家也留下珍贵墨迹。在扬州，鲍志道相与过从甚密的还有罗聘、汪士慎、巴慰祖等文人名士。因此，鲍志道虽为大贾，犹不减书生本色，可说是兼官、商、儒为一身的代表。

鲍志道殁后，长子鲍漱芳继承父业，接任总商之职，理盐策骏骏有声。次子鲍勋茂中举，官侍御，居台谏，数陈天下计，最终擢升为通政使司通政使，跻身九卿之列。兄弟二人都能秉承父志，精盐法，勤捐输，继续为清廷效劳。如嘉庆八年(1803)夏，洪泽湖塌坝水漫成灾，灾民嗷嗷待食，鲍漱芳以盐运使集议公捐米六万石；又淮河、黄河洪水泛滥，赤地千里，他又倡议公捐麦四万石，救活数十万人；特别是他捐银数万两疏浚河道，沟通水运，安定了河区百姓立业生产，因而也屡受朝廷恩典。牌坊群中的“乐善好施”坊，即是对鲍志道、鲍漱芳父子及孙子鲍均热心慈善事业的褒奖，是一个不会被岁月风尘所淹没的丰碑。

徽商巨贾胡贯三

走在黟县西递古村中，沿着人行甬道延伸而去是一排排古民居，最为气派的就是清代徽商巨贾胡贯三及其几个儿子的故居：惇仁堂、膺福堂、三畏堂、笃谊堂和为迎接亲家、朝廷重臣曹振镛而特地兴建的迪吉堂等，那高大宽敞的厅堂、别致的天井庭院，那气度恢宏的构造、精致的砖木石雕，无不显示非凡的气魄与富贵，也似在叙说有关胡贯三及家族的风光传说。

西递胡乃唐皇裔

《西递明经胡氏壬派宗谱》记载，西递胡氏是唐朝皇室后裔，唐天祐元年(904)，梁王朱温起兵叛乱，唐昭宗李晔在被迫迁都洛阳途中，其妻何皇后产下一子。乱境之中，如何保护小皇子？当时歙州婺源人胡三(名清)正宦游在京，遂受密托将小皇子潜回老家婺源考水抚养，为免祸患，遂改李姓为胡姓，取名昌翼，遂为李晔保存一脉。后唐同光三年(925)，胡昌翼以《易经》登明经进士第。后得知身世，便不愿入朝为官，隐居于婺源考水，在这山水掩映之处，潜心研读经学，并以经学传家，因此人们尊称他为"明经公"，由他一脉繁衍的家族称为"明经胡氏"。传至四世祖令极公时，已有兄弟十人，遂以天干名之，称"十干衍派"。

北宋皇祐（一说元丰）年间，壬派胡昌翼第五代孙胡士良，由婺源去金陵，途经黟县西递铺，见这里山多拱秀，水势西流，心向往之。他便请来风水先生勘察山川形势，见这里"有天马涌泉之胜，犀牛望月之奇；产青石而如金，对霭峰之似笔，土地肥沃，泉水甘甜，"因此举家从婺源考水迁来西递，是为西递胡氏始祖，亦称明经壬派胡氏。后世子孙绵延不息，胡氏后人长期过着耕读并举的田园生活。明清时期，随着人口大量增加，外出经商者日益增多，胡氏逐渐成为徽商中的重要一支。尤其是明经胡二十世祖胡贯三，以典业为主，兼营茶粮，使西递人经商达到一个顶峰。

胡贯三的家乡黟县西递村

发迹鄱阳家族盛

清雍正十一年(1733)，胡贯三出生在黟县西递村祖宅。因系单门独传，且是父亲年近不惑才得子，故以“韦编三绝然后贯之”的古语取名贯三；又因梓木为刻版印刷之良木，取字学梓，名字含意自是希望他饱读诗书，仕途上进。

胡贯三六岁在本族塾馆“燃黎馆”中启蒙，背《三字经》，学《千字文》，读四书五经，对对子，临字帖。因天资聪慧，家学深厚，他一直是同窗中的佼佼者。一日，先生望山观景，得一上联：“黟县山多黑”，却一时想不出下联。次日，先生外出访友，为防止学生吵闹，行前留下话说：嬉戏可以，但必须对出老师的下联，否则重罚。此上联仅有五个字，却是拆字联，“多”与“黑”合为“黟”字，是本地县名，说的就是本地山石多且黑的自然景象，非常应景。一群小学童们或埋头苦想，或抓耳挠腮，绞尽脑汁也没有头绪，有的即使对出下联，也是生搬硬套，不相吻合。只有胡贯三对出下联：“靛池水定青”。先生归来后，见了即大为赞赏。靛池便是塾馆附近的一口方塘，塘水清冽甘甜，当地人称为“靛池”，又美称“甜池”。上下联对得极为恰切。放学后，先生即向胡贯三的父母称赞说：“你儿子才思敏捷，聪慧过人，将来会有大出息的！”这是先生的称赞，也是父母对他的期望。

徽州习俗，一般人家的孩子十来岁便要外出学生意。胡贯三也不例外，在刚满十二岁时，便离开学堂，离开家乡，随胡氏本家出门上路，来到休宁县万安镇当学徒做生意了。学徒期间，胡贯三特别勤奋刻苦，又天资聪慧，一应经商事务学得很快。三年学徒期满后，胡贯三已经积累了一定经商经验，便离开万安镇独自闯荡商场。

徽州处在万山环抱之中，山地多，耕地少，人口又日益增加，粮食问题一直很紧张，即使是丰年，粮食也仅能满足一个家庭半年的口粮需求，若遇到洪涝干旱等灾害，家家户户都得闹粮荒，故徽州粮食一直靠外界进口。所以胡贯三打算从粮食生意做起。离开万安镇后，他就往来于江西鄱阳和徽州两地贩运粮食。他从徽州出发，载着当地土特产运到鄱阳出售，然后运载粮食回徽州出售，如此循环往复运输，既降低了运输成本，也加快了资金的运转速度。他又一贯讲究商德，坚信君子爱财，取之以道，仁义至上，生意中从不怀有狡诈之心，力求做到价格公道，秤平斗满，丰年不贱价收粮，灾年也不抬价出售，这使他赢得良好的商业声誉，生意也越做越大。

事业在稳定中发展。这一年，胡贯三再次来到鄱阳做生意，鄱阳湖中一艘艘货船首尾相连，缓慢而坚定地驶进码头。船头上的胡贯三欣赏着鄱阳湖的千里烟波，和账房先生指评山川，闲叙行情。只见他身着绸衣，顶戴小帽，笑语点评，浑然一派儒生气度。历经十余年的商海洗礼，胡贯三的经商观念及技艺已炉火纯青。这次他与鄱阳“万春源”米行的万老板商谈妥了一桩大买卖，亲自押船而来。

贩运粮食的船只

万老板系鄱阳人氏，已历商数代，积有万贯家财。美中不足的是膝下无子，仅有一女依绕膝前。鄱阳是江西商埠重镇，城内绸庄、当铺、茶馆酒楼、川广药号、南北山货店，鳞次栉比，招牌幡布迎风飘扬。

"万春源"米号即在其间，前店后家，四进大院，店内二厅，生意繁忙。账房先生如实地向万老板禀报押运经过，盛赞胡公子精明干练。万老板也把这一切都看在眼里，他和妻子都已年过半百，女儿翠云也年过二八。万家香火何人传承，祖传家业谁来振兴？这问题一直让夫妻俩牵挂在心，也一直在留心女婿人选。胡贯三的到来，让万老板眼前一亮。其实，万家与西递明经胡氏已是多年世交，夫妻俩对年轻有为的胡贯三早有好感，今日这一桩大生意顺利做成，更使他对精明能干的胡贯三深为赏识。遂经过商议，万老板决定把独生女翠云嫁给胡贯三为妻。成婚后，小夫妻果然恩爱，举案齐眉。

几年后，岳父去世，胡贯三便执掌"万春源"的经营大权。他以精明的手腕，制定新的规章制度，雇佣新人，将米行多年的积蓄变换为流通的银票，把米行带入新的运行轨道。乾隆三十六年(1771)，自立夏到处暑，天未下过一滴雨，包括黟县在内的整个皖南地区遭遇了百年不遇的大旱，农作物大面积减产，百姓无处籴粮。精明的胡贯三在几年前便着意在鄱阳湖产粮地区投资建起了粮库，收购当地粮食以囤积；还在阊江流域租下了运粮船队；同时，在黟县关麓的西武岭古道上，雇了上百人的骡马大队，形成了一个庞大的运输队伍；并在运输沿线建立了服务的茶馆饭铺。这样，胡贯三的米行就形成了收购、运输、服务、出售一条龙的经营链条。这一年，他从江西贩粮至黟县、祁门、太平等地出售，不仅解了皖南地区百姓缺粮的燃眉之急，而且也让自己赚得盆满钵满。经此一役，胡贯三的经商理念日趋成熟老练。

米行生意壮大后，胡贯三开始思考拓展生意门路，先后开设了当铺、绸庄、布店、盐铺、水产鱼鲜和土特产货店，以及烟馆、酒楼等各色商铺，遍及鄱阳、九江、南京、杭州等地。经过数十年悉心经营，胡贯三父子的家当已拥有三十六家店号，覆盖七条半街，逐渐跻身于"江南六富"之列。此后，其子孙世继家业，奋进科举，官商结合，为西递胡氏家族增添了无数荣耀。

建桥修路行善德

胡氏祖上以儒学传家，胡贯三继承先祖遗志，在事业有成后，不忘造福乡梓，热心公益，扶贫济困，修建书院，建桥修路，乐善好施、积德行善之举甚多。如独资修造了齐云山脚的登封桥、黟县霭冈桥，襄助建造了渔亭永济桥。又出资修建黟县至歙县、祁门、休宁的大路九处。

清道光二十二年（1842），徽州府城歙县太白楼下河西桥毁于洪水，胡贯三第三子胡元熙与歙县人程祖洛等倡议，筹集十万银两重修。后，程祖洛卒，胡元熙独自承担不足的资金，历时七年而建成。该桥横跨练江，为黟县、休宁、祁门、婺源等地进入徽州府城的枢纽，规模宏敞，长八百尺，宽二十尺有余，桥洞十六个，为徽州当时最长最宽的石拱桥梁。桥中心建有碑亭，记载了胡贯三父子捐重金修桥之事。

徽州古石桥

胡贯三父子在乾隆五十六年(1791)重修登封桥。登封桥位于休宁界内,坐落于四大道教名山之一的齐云山脚下,是民众登山祈福的必经之地,也被当地人看作吉祥之地。当地流传着一句俗谚:"登封桥上望一眼,高瞻远瞩福不浅;登封桥上走一走,延年益寿九十九。"该桥在当地也是交通要道,贩夫走卒、行人过客,人流量众多。原先是伐木为桥,但一遇山洪,便交通阻断。明万历十五年(1587),在时任徽州知府古之贤倡议下始建石桥,方便往来客商行人。桥梁竣工时,古之贤已被提拔为广东按察副使,没来得及为桥题名,当地人感念他的德政,就为桥取名为"登封桥",意在祝贺升迁之喜。后屡圮屡建。乾隆年间,此桥又被洪水冲垮,地方官曾几次决议重修,但终为修桥费用没有着落而放弃。乾隆五十六年(1791),胡贯三决定独资重修登封桥,选用上等的黟县青石为材料,聘请境内能工巧匠,选择吉日动工,工程有条不紊地进行。两年后,胡贯三不幸去世,修桥之事就由其子胡尚熷、胡尚焘接管。前后历时六载,终在乾隆六十年(1795)竣工。桥有十墩九孔,高四丈,长四十四丈,宽二丈四尺,石厚堑深,栏周址固,桥墩呈船形。新建的登封桥,外观和坚固程度都超过了旧桥,两人总算顺利完成父亲遗愿。嘉庆二年(1797 年),当朝太子太傅、武英殿大学士、歙县人曹振镛赴广东督学,途经齐云山,对"跨川为虹,卧波为龙"的登封桥赞叹不已,亲自为登封桥题额:"惠济邻封",并在女婿胡元熙邀请下写下"重修登封桥记",详细记述修桥相关事宜。

官商联姻寻靠山

我国封建时代一直施行抑商政策,把民众分为"士农工商"四等,商人处在末位,即使有万贯家财,很多时候也难保全身家性命,所以商人通常都会与官员结合，寻求政治上的庇护。胡贯三在大行修桥铺路等等义事后，家业也因此耗费过半，虽属善举，却也因名声太大同诸多富人结怨，于是也寻求庇佑。他寻找到了宰相曹家。当时歙县雄村有名士曹文埴，乃是饱学之士，才思敏捷，胸怀大志。于是，胡贯三寻找机会与他结交，赠送千两纹银助其作为赶考费用。天道酬勤，曹文埴入京参加殿试，以个人的努力，且得胡贯三的资助，一举蟾宫折桂，考得第二甲第一名，点榜传胪，后又官运亨通，一路升迁，直至官居户部尚书。曹文埴的儿子曹振镛也因良好的家学背景，刚成年即进士及第，凭着为官谨慎勤勉，不断加官晋爵，历任工部、吏部、户部、刑部尚书，军机大臣，体仁阁、武英殿大学士，曾在嘉庆帝外巡时留京代君处理政事。清代不设丞相，由大学士辅佐皇帝，故民间多称曹振镛为宰相。

曹文埴对胡贯三的资助一直感恩在心，临终时仍嘱咐曹振镛要厚报西递明经胡家。曹振镛遵父命，既为胡家经商提供一定的方便，还把自己的小女儿嫁给了胡贯三的小儿子胡元熙。后来还在返乡省亲之暇，专程到黟县西递会见亲家。宰相亲家临门，胡家自然感到无比荣耀，大兴土木以迎接。

攀上了宰相亲家，胡贯三更是意气风发。曹家女婿胡元熙初任光禄署正，不久荐兵部郎中，道光元年(1821)中举，出守浙江，历署衢州、湖州、嘉兴等府；道光十三年(1833)任浙江省城杭州知府。这一路仕途顺畅，自然与有一位宰相岳父做靠山有一定的关系，但主要的还有他自己的努力和能耐。据新编《黟县志》载，胡元熙为官清廉，善断疑案，经手大小狱案，平反决断总达二百余起，都得到上官肯定。尤其是当时“余姚县令刊刻佛书，附孙敬德临刑刀折，被控左道不经”案件，胡元熙根据《新唐书》、御制《渊鉴类函》均采用过“孙敬德临刑刀折”之事而予以平反，得众人“引经断狱，有汉儒风”的称赞。后来，胡元熙将多年断案经历写成《决事录》若干卷，以传后人。

崇文尚义耀宗室

嘉庆十六年(1811)秋，黟县城乡广为传颂的事是碧阳书院的竣工。黟县自元朝起，建有数座书院，但到嘉庆年间大多毁坏倒塌。乾隆五十六年(1791)，广东三水人胡琲任黟县知县，上任伊始，即谋划重建书院，大兴义学。西递胡家也正思考着如何兴文重教，发达家族，以长盛不衰，所以带头响应。胡贯三首捐白银五千两，作为启动资金；他的大儿子胡尚熷捐银一万五千两，为最多，被推为董事，主持书院的筹建工程；其他一些显贵富豪也纷纷捐资捐物。于是碧阳书院于嘉庆十四年(1809)动工，经两年建造，于十六年竣工。其布置、规模、设备、规条、藏书等，在徽州府各县中属一流。竣工时的知县吴甸华亲作《新建碧阳书院记》和《经理建造碧阳书院记》，赞扬了明经胡氏和胡贯三父子崇文尚义的精神。

胡贯三家族崇文尚义之事，还体现在纂修宗谱上。道光四年

(1824)九月，胡元熙提议各房族长在明经祠议事，启动了修谱工程。胡元熙主持修谱，亲自作序，详细记载明经胡氏的源流，特别是壬派胡氏到西递的源流、谱系，并以较多的篇幅总结了胡氏列祖创业经商、崇文尚义、乐善好施的事迹和经验。其文曰："徽州民风自古朴，八山一水一分田，地狭人稠民生艰，土特产品饶且富，水网纵横通四方。百姓多以营商为主，且多有成就。明经胡氏勤俭甲天下，桑梓情谊重，崇文尚义，诗礼传家。子孙后人应牢记祖先遗训：'读书好，经商好，效好便好；创业难，守成难，知难不难。'科举进士，读书登第，以光宗耀祖，荫庇后裔。"

历史为胡贯三家族的兴盛提供了大舞台，胡贯三家族及子孙事业的成功，其精神业绩被后人所崇敬，且引以为荣；其创业的艰辛与成功也给后人以更多的启迪。胡贯三及西递胡氏家族以商致富，积极建设家乡，起楼房、修祠堂、铺道路、架桥梁，将一个环境优美、交通闭塞的山村，装点得舒适、典雅、堂皇，以华丽的宅院古朴的风格，成为徽州古民居群的杰出代表，于 2000 年同宏村古民居建筑一起被列入世界文化遗产保护名录。

西递今貌

墨业巨商胡开文

徽州是各种墨品纷呈、制墨高手如林的墨业故乡。早从南唐开始，徽墨就誉满天下，以后制墨名家代不乏人。清代中叶，这里又崛起了鼎鼎大名的墨号“胡开文”，在以后的近二百年时间里，传承六代，不断发展壮大，几乎占领大半个中国的墨业市场，尤其在清代末期徽商凋零殆尽之际，胡开文却一枝独秀，大放异彩，创造了一个奇迹。

艰难中起家

提起胡开文墨号，当然要从它的创始人胡天注说起。

乾隆七年(1742)，胡天注出生于徽州绩溪县上庄村。其时徽商遍天下，上庄人也大多从商。徽州早就流传一首民谣：“前世不修，生在徽州。十三四岁，往外一丢。”胡天注在十几岁时也出门谋生。他先去屯溪镇(今黄山市)一家“采章墨庄”当学徒。该墨庄前身是歙人程正路经营的“悟雪斋”墨店，是康熙年间的名坊之一。乾隆年间为休宁人汪采章接替。在“采章墨庄”里，胡天注一干就是好几年，由于他勤奋好学，深受主人器重。耳濡目染，他对墨业逐渐有所了解，几年下来，所有制墨技术他都掌握了，于是干脆将“采章墨庄”租赁下来。

斗转星移，转眼胡天注已到了男大当婚的年龄。由于他的勤劳、刻苦、聪明，早就在同行中传开，人们都打心眼里喜欢这个小伙子。当然他在两年前也被一位休宁商人汪启茂看中了，汪启茂有一个女儿也到了女大当嫁的时候，汪启茂就有心将女儿嫁给他。谁知经人说合，一举成功。很快胡天注就成了汪启茂的乘龙快婿。这门亲事对胡天注一生产生了重大影响。因为汪启茂也是个制墨商，当时徽州墨家林立，比较著名的是歙县曹素功、歙县汪节庵、绩溪汪近圣、休宁汪启茂四大家。“汪启茂墨室”就开在休宁城内。婚后胡天注继续在屯溪镇租营“采章墨庄”。

乾隆三十年(1765)，汪启茂在与同行的竞争中折了本，“汪启茂墨室”难以为继。老泰山遇到困难，女婿自然义不容辞。经过反复斟酌，二十四岁的胡天注做出了一个重要决定：放弃租营“采章墨庄”，承顶“汪启茂墨室”。从此，他走上了独立经营墨业的道路。该墨室位于休宁海阳镇上，系前店后坊结构，即墨坊与门市部合为一体，既做墨又营销。

绩溪上庄胡开文创始人胡天注故居

胡天注面临的形势是十分严峻的，但他雄心勃勃，多年经营墨业，已使他对墨业行情了如指掌，也积累了不少经验，决心在墨业上大干一番。由于“汪启茂墨室”在竞争中已经失利，很难东山再起，他决定另起店名。

为了这个店名，胡天注想了多少个名字都不满意。这一天，他从休宁出发去屯溪镇，准备请一位熟识的秀才为他起一个店名。途中经过一石亭，亭内有人卖茶水，胡天注就走进去喝碗茶。小憩之时，抬头一望，亭上嵌有石匾一方，上书“宏开文运”四个大字，笔力遒劲，潇洒不凡。他被这书法深深吸引住了，看着看着，突然若有所悟，高兴地叫了起来：“有了，有了，何不取这中间‘开文’两字作招牌！”他站了起来，转头就往回走，也不去麻烦那位秀才了。不久，“胡开文墨庄”的招牌就挂出来了。

新店名有了，并不意味着生意就有了新起色，下一步该怎么走？

胡天注认真分析了当时的形势，他知道徽州墨业市场竞争十分激烈，今后要想求得生存，必须千方百计提高墨品质量。汪启茂墨室之所以失利，就是因为后来墨品质量低人一等。因此，“胡开文”为了避免重蹈覆辙，当务之急就是要创出名牌，打开销路，占领市场，在竞争中取胜。本着这一宗旨，他将汪启茂墨室原有的墨模精品取出来，认真挑选。结果，只有三副被选中。他又不惜巨资购买上等原料，聘请良工，精心制模、做墨。

很快，第一批“胡开文”墨品上市了。那时候，制墨商除了有自己的招牌（店号）外，还有特制的钤于墨品之上的标记（商标），“胡开文”的标记取为“苍珮室”三字。由于“苍珮室”墨用料考究，制作精细，形式新颖，立即受到广大用户的欢迎。人们交口称誉其墨：“漆欲其净也，烟欲其精也，胶欲其和也，香欲其烈也。涵而揉之，以视其色泽之匀也；捶而坚之，以视其肌理之细也；范而肖之，以视其意态之工也。”

所以墨庄的生意一天天红火起来。

不久，胡天注又在屯溪镇新设了一个分店，但这个店只是一个门市部，只销售不生产，墨品全由休宁县城胡开文墨庄批发供应。

“胡开文”一炮打响！

竞争中发展

嘉庆十四年（1809），正当“胡开文”欣欣向荣之时，六十八岁的胡天注一病不起，撒手西归。胡天注于易箦之际，遗命次子胡余德“统持家政”。

胡余德生于乾隆二十七年（1762），父亲去世时，他四十八岁，已经成熟了。早在十几岁时他就随父入店，不仅对墨业产生了浓厚的兴趣，而且对制墨流程也了如指掌。尤其是他聪敏好学，志存远大，又颇具才干，早已成为父亲的左膀右臂，积累了很多经营管理方面的经验。正如胡天注在遗嘱中所说：“十数年来，一切店务藉次子余德掌持，克俭克勤，颇有进益。”所以胡余德堪称理想的接班人。事实上，正是在他“统持家政”期间，“胡开文”如日中天，步入黄金时代。

亲身经历过创业之难的胡余德从父亲手中接下这副重担，心情是不平静的：父亲把一生都献给了“胡开文”，在他呕心沥血的经营下，“胡开文”一天天兴旺发达，如今一定要让“胡开文”在我手中发扬光大。质量是产品的生命，在胡天注的影响下，这种质量意识已在胡余德头脑中深深扎根。他坚信一条，只有高质量的墨品，才能有广大的市场，要在竞争中发展父业，只有始终不懈地在质量上下工夫。首先，在制墨工艺上，坚持按“易水法”制墨。所谓“易水法”，创自唐末李超、李廷珪父子，李氏父子本易水（今属河北）人，后来流离渡江，“睹歙中可居造墨”，乃定居于此。李氏之墨闻名天下，据宋淳熙《新安志》卷十载：“今人得而藏者，亦不下五六十年，胶败而墨凋，其坚如玉，其纹如犀，写逾数十幅，不耗一二分也。”后人将其制墨之法称为“易水法”。该法制墨，每松烟一斤之中，用珍珠三两，玉屑、龙脑各一两，再和以生漆，捣十万杵而成，故其墨坚如玉、纹如犀、色如漆。至宋时，其墨贵如金。为了制出高级墨，胡余德不惜重金购买高级原料，坚持按“易水法”制墨，决不偷工减料，粗制滥造，故其“苍珮室”墨质量超群。

胡开文墨

胡余德在墨品制作上不仅质量求上乘，而且在形式上争新颖。他认为，高级墨应集实用与艺术于一体，使墨名既有实用价值，又有艺术欣赏价值。为此，他不仅聘请良师、名工精心制作墨模，而且大胆创新，制造出集锦墨。如“棉花图”（全套十六笏）、“十二生肖图”（全套十二笏）、“御园图”（全套六十四笏）。“棉花图”以十六幅画面反映了从棉花播种到纺纱织布的全部生产过程，图案逼真，雕镂精细。“十二生肖图”以十二生肖入画，配以历史故事，如苏武牧羊、伯乐相马、嫦娥奔月（兔）、李密拉角（牛）等等，墨品一面画图，一面题赞，人物形象栩栩如生，堪称精品。“御园图”系仿制制墨高手汪节庵之“函璞斋”定制的贡品，全套六十四幅，将京师“圆明园”中六十四座楼、阁、堂、院、亭、轩、馆、斋、室等建筑依次绘形入画，雕刻而成，并依这些建筑的不同风格，采取相应不同的墨式，工艺精湛，令人叹为奇观。这些集锦墨成为“胡开文”的拳头产品，投放市场后，深受人们的喜爱，即使人们不是为了书写，也往往购买回去，作为一种绝妙的艺术品呈放在案几、桌头，以供欣赏。

皇宫，历来是墨家必争之地。如果谁的墨品受到皇帝青睐，那这种墨品就会身价百倍，声誉鹊起。志向远大的胡余德力争让“胡开文”跻身皇宫，于是精心制作贡墨。据记载，他曾制出“御制文渊阁诗墨”（集锦墨）进呈皇帝。该墨品墨式奇特，无一相同，正面镌有乾隆朝进士、工部尚书、协办大学士、书法家彭元瑞书写的御诗，背面镌有描摹的文徵明等名家之画，可以说以最好的原料、最精的工艺制作而成。果然，集锦墨进呈后，终于赢得皇帝的赞赏。

胡开文墨

胡天注考虑到市场的需要，经营方针是高普并举，即高级墨和普通墨同时生产。上述集锦墨和贡墨都是高级墨，高级墨争声誉、创名牌、求高利，而普通墨是占市场、求多销的。在经营方式上则批零兼营，灵活多样。因此，“胡开文”既取得了空前的社会效益，也获得巨大的经济效益。在“胡开文”蒸蒸日上之际，胡余德不仅扩大墨业规模，而且利用多余资金开设“启茂典铺”、“启茂茶号”以及“和太枣栈”，开展多种经营，从而使商务越做越大，资本越积越多。

像其他徽商一样，胡余德在发家致富后，为了提高自己的身份，以巨资捐得“议叙盐运司知事、覃恩累赠中宪大夫、晋赠资政大夫”等官爵。尽管只是虚衔，但身份却大不一样了，有了这张“护身符”，对他今后的商务发展，也是有好处的。

胡余德尤有远见之举是以“富而教不可缓”的迫切心情，积极培养诸子业儒，他有九子，其中六人为国子生（即在京师国子监中学习的学生，一般只有官员子弟才能成为国子生），一人为岁贡生（地方成绩优秀的秀才进入国子监读书的人）。他不仅培养诸子读书，还积极响应同乡士人建立“东山书院”的倡议，慷慨捐赠白银一千余两，表现出极大的重学兴教的热情。

分家不分店

伴随着“胡开文”的一天天兴旺，胡余德也一天天步入老年。面对着由父亲艰难创办、在自己手中发展的“胡开文”，面对着九个儿子，他不能不想到身后的问题。中国自古以来的传统就是子孙成家后都要分家析产。历史上曾留下了多少令人遗憾的事，不少父祖辈亲手创立的家业，由于分家析产，资本分散，或被不肖子孙挥霍殆尽，或逐渐衰落。尤其是一些极有发展前途的技术行业，往往因为分家或中断停止、或衰落不起。但随着子孙成家立业，几世同堂也是难以办到的。他还记得早在嘉庆十四年（1809）父亲临终之前，曾留下遗嘱，分家析产，但由于“嘱稿已成，缮写未就，不料一病缠身，父竟弃养”，加上他的几个弟弟，或先故，或患病，或年幼，分家的条件尚不成熟，故未执行。

如今幼弟已经成人，诸子也已成立，爨析箸分的条件成熟了，但必须想出一个办法，使得分家析产后，“胡开文”不至衰落并继续有所发展。他陷于苦苦思索之中。

道光十四年(1834)，已过古稀的胡余德“须眉尽白”，事益纷繁，实难照拂。于是在先父遗嘱的基础上，又立下了一份分产阄书。家产遵照父亲遗嘱，仍按八股均分。其中有一个重要决定，即休宁县城“胡开文”老店和屯溪镇分店分别归二房胡余德和七房胡颂德(胡余德之弟)执业经营。这是父亲定下来的，这次仍然坚持此点，只不过胡余德将自己所承休宁县城“胡开文”老店又指定次子胡锡熊经理。

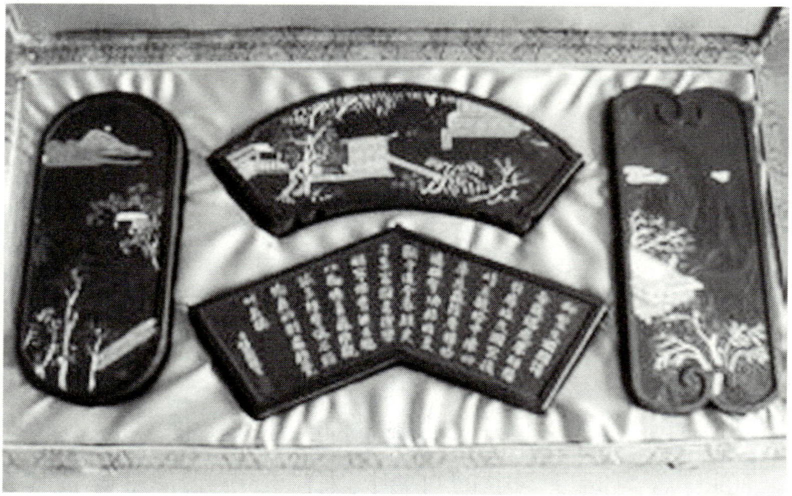

胡开文墨

为了确保在分家析产后，“胡开文”不致衰落，并继续发展，胡余德在阄书中立下了一个重大原则：分家不分店，分店不起桌，起桌要更名。

所谓分家不分店，就是休宁县城中“胡开文”老店和屯溪镇“胡开文”分店分别由二房和七房执业，不再分产，家中其余产业和资本除留一部分用以“养老”和“酬劳”外，全部按八股均分。可见家虽分了，但墨店却未分，仍是单传执业。这样就可避免出现分散资本、分散技术和精良工具，以致店业名存实亡的局面。而单传执业也便于上一代在移交店业时，便于从诸子中选择贤明能干之人作为继承人，使店业不致因新老交替或传承非人而衰落。

所谓分店不起桌，即是指屯溪镇“胡开文”分店不准起桌制墨，这是胡天注在世时规定的：“屯店不起桌，所卖之墨向系休城店制成发下”。胡余德“悉遵遗稿”，在分产阄书中又重申此条原则，要求后世遵行。

所谓起桌要更名，也是胡天注规定的。胡天注也曾预料，由于起桌制墨的高额利润，虽有“分店不起桌”的规定，但自己身死之后，万一有不肖子孙硬要起桌制墨怎么办，所以预先立下规定：“倘屯店起桌自造，更换‘胡开运’招牌，不得用‘胡开文’字样”。胡余德统持家政时虽没有发生起桌制墨之事，但保不住今后永远不会发生，于是他重申父亲这一遗命。这一原则是相当重要的，因为他知道“胡开文”的声誉已名噪海内，“胡开文”已成为一块金字招牌，将来诸子诸孙凡经营墨业者谁不想打着这块招牌，但子孙中一旦有谁在制墨过程中偷工减料或粗制滥造，或以劣充优，祖宗亲自创立的这块金字招牌就会毁于一旦。有了“起桌要更名”的规定，就可避免这种情况发生。

至于对其他家业，如典业、茶号、枣栈，它们同墨业不同，保质量、保名牌的问题不是那么突出，所以胡余德就采取了通融的办法，除将枣栈交由七房经营外，又将典铺、茶号让几房“合同执业开张”。但他也考虑到不能因为内部矛盾而搞垮产业，故又做出了若干具体规定，如在共同经营典业的各房中，如某房对原立规则有所违拗，则凭亲房可将其资本抽出，写下字据，其中要批“典业永无分(份)”的字样，这样就和典业永远脱离关系了。对茶号经营也提出“不得以一人偏见生端违拗”,万一有人“生端违拗”,有典业成法在,可参照执行。这样就避免了争端,或在有了争端时不致造成破产的局面。

事实证明,胡余德做出的决定是经过深谋远虑的,后来的胡氏子孙基本上一直遵循着这一“祖宗之法”,在政治风云变幻、市场竞争激烈的情况下,“胡开文”的金字招牌不仅没有黯然失色,而且更加大放异彩。

道光二十五年(1845),八十四岁的胡余德辞世,按照生前遗嘱,休宁县城“胡开文”老店传与次子胡锡熊掌管。

战乱中独秀

胡锡熊生于1803年,接管“胡开文”墨店时已是四十三岁。当然,在此之前,由于胡余德年事已高,很可能早已退居二线,店业交由胡锡熊管理了。因为早在道光十四年(1834)胡余德订立析产阄书时,就已经“须眉尽白”,“亦倦于勤”,感到“事益纷繁,实难照拂”了。照此说来,胡锡熊在正式接管“胡开文”之前,已有十来年的管理经验,所以他能驾轻就熟,使“胡开文”继续发展。

胡锡熊也像他的父亲一样,花巨资捐官买爵,捐得“覃恩通奉大夫、晋封资政大夫”等头衔,这些头衔对他商务的发展是很有必要的。实际上就是买得一张“护身符”,以求在封建政治势力的庇护下,顺利地开展商务活动。“胡开文”在清末政治风云的变幻之中没有被搞垮,应该说与胡锡熊一定的政治地位是有关系的。

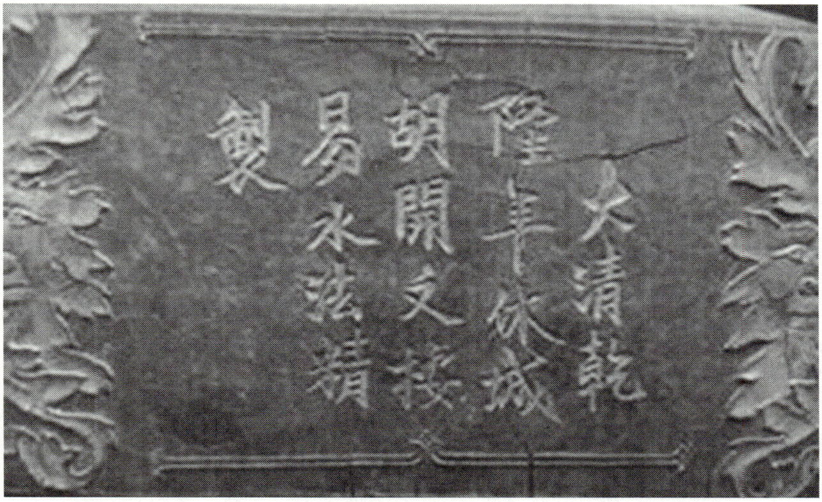

胡开文墨

胡锡熊掌管休宁县城“胡开文”老店期间，正是清王朝的多事之秋，政治危机、经济危机进一步加深。道光二十年(1840)鸦片战争爆发，中国一步步沦为半殖民地半封建社会。咸丰元年(1851)，又爆发了太平天国革命，整个社会动荡不安。尤其在咸丰、同治年间，徽州曾是清政府与太平军激烈争夺的重要战场，战乱持续十余年。在双方交战期间，大片民舍、店铺毁于战火。携资归乡避难的徽商遭受的损失更大，资产被以各种方式劫掠殆尽，很多人在战乱中丧生。徽商在整体上元气大伤。在这种艰难的环境中，胡锡熊惨淡经营，煞费苦心。他与封建政府、军队巧为周旋，例如为镇压太平军，曾国藩曾率领大批军队屯驻祁门，为了使“胡开文”不受官军的骚扰，胡锡熊利用自己的身份多方逢迎曾国藩，以致曾国藩不仅在休宁县城“胡开文”老店定制墨品，并且欣然命笔，题写了“胡开文墨庄”的招牌。有了这块招牌就有了护店的法宝，曾国藩的士兵当然不敢对“胡开文”妄加非礼了。通过这件事，也可看出胡锡熊的良苦用心。所以在咸同兵燹、多灾多难之际，“胡开文”并未受到多大损失，甚至能在徽商凋零的情况下，独逞一时之秀。据说当时“胡开文”老店仍有职工二百余人，年产墨品三百担。

屯溪“胡开文”分店，起初由胡余德七弟胡颂德掌理，胡颂德很快病逝，其子胡锡环尚未成人，故一度由胡余德代管。胡锡环长大后，便亲自经理。此时分店仍是休宁老店的门市部，只销售，不生产，墨品由老店供应。胡锡环看到制墨的利润较高，很想打出“胡开文”的招牌，起桌制墨，产销兼营，但胡锡熊坚决执行“分店不起桌”的“祖制”，不允许胡锡环制墨。在强大的压力下，加上时局的不稳定，胡锡环也就作罢。

第二次发展

1862 年胡锡熊逝世，墨庄仍“单传”给长子胡贞观。胡贞观作为“胡开文”的第四代传人，由于极善经营，勇于开拓，故在他掌理“胡开文”的二十余年间，“胡开文”迎来了它的第二次大发展时期。

胡贞观是咸丰时恩科举人，诰授奉直大夫、覃恩晋封通奉大夫、户部贵州司员外郎，他官商两兼，既能在政界周旋，又能在商界驰骋，可谓左右逢源。

他善于用人。随着生产规模的扩大，胡贞观知道事事躬亲是办不到的，必须委派代理人。他重金聘请的管事汪鉴堂、副管事金节甫、点烟房总管吴纯卿，个个精明能干，认真负责。尤其是汪鉴堂全权代表胡贞观管理从生产到销售的各个环节，可谓尽职尽责，没有出现任何失误。有汪鉴堂主持日常店务，胡贞观就得以腾出手来，思考更重要的问题。但是他决不是对店务撒手不管，相反，他对墨品质量问题，始终是十分关注的。只要不外出，他天天都要到生产作坊中视察，一道工序、一道工序地察看，一旦发现问题，当即处理。所以他掌理期间，“胡开文”墨品的质量一直保持着上乘水平。

他勇于开拓。制墨的主要原料是松烟或桐烟，原料的好坏直接关系到墨品质量的高低，“胡开文”原先在黟县渔亭建立一所小型点烟房，供应制墨原料。随着生产规模的扩大，原料供不应求，必须开辟新的原料基地。胡贞观毅然决定，投资巨款在重庆建立一所很大的点烟房，委派吴纯卿总管，充分利用四川丰富的松树资源，解决大批量的油烟原料问题。这一决定完全正确。自己制造原料，不仅可以满足本店墨业生产的需要，减少中间环节的费用，还可将多余的原料出售给同业，又可获得部分利润。

他善于扩大影响。墨，作为文房四宝之一，主要是供给文人使用，尤其是能产生高额利润的高级墨，更是销往上流社会文人雅士、达官贵人之中。所以胡贞观特别注意在上流社会中扩大“胡开文”的影响。他利用自己商儒双兼的身份，广泛与上流社会接触，与文人墨客、宿学名儒、达官显贵关系密切，不少名人纷纷前来“胡开文”定制墨品。如歙人柯铭曾定制“一瓣香”墨，赠送李鸿章胞弟李鹤章。著名金石学家胡澎、赵之谦也曾联名定制墨品。甚至浙江仁和人谭献在署理歙县县令期间，也曾两次前来休宁老店制墨。胡贞观对这些业务非常重视，精心监制。这些人拿到精制上乘的墨品后，在各种场合又广为宣传，使得“胡开文”的影响越来越大。

经过胡贞观的不懈努力，“胡开文”的规模扩大了，年产高级墨品数万斤，资产达二十万元（银元），在当时的徽墨同业中，一直是独占鳌头。

“胡开文”从胡天注创立，到胡贞观时已有一百余年的历史，历经四代传人，一直被老二房（胡天注次子胡余德）一脉垄断。随着胡氏子孙繁衍增多，其他房派的子孙也纷纷要求起桌制墨，并且要打出“胡开文”的招牌，矛盾日益尖锐。为了缓解族内矛盾，又不违背“祖制”，虽然老祖宗胡天注曾规定，后人若设店起桌制墨，应遵“祖制”，另打“胡开运”招牌，但胡贞观估计此条不易被接受，因为百年老店“胡开文”的招牌太响了，谁也不想舍弃不用。

怎么办？

冥思苦想，胡贞观终于想出了一个办法：如果坚持要用“胡开文”招牌，一定要在“胡开文”之后加上“×记”二字，休宁老店使用的“苍珮室”商标决不准他店使用。

可见胡贞观仍然坚持了“祖制”——“起桌要更名”，但由于采取了这个变通办法，后人容易接受了。这充分反映了胡贞观原则性和灵活性相结合的管理才能。

由于有了这样的决定，很快一批“胡开文”分店建立起来了。首先是老六房（胡天注六子懋德）之孙胡贞益在芜湖设立“胡开文源记”墨坊，接着又在九江开设“胡开文亨记”分店、在南京开设“胡开文利记”分店、在汉口开设“胡开文贞记”分店。“胡开文源记”发展很快，年产墨品五千斤左右，年营业额在两万六千元（银元）上下。另外，胡氏后人还在扬州、杭州、上海、安庆分别设立“休宁胡开文”分店。

胡开文墨

新六房胡锡瑄（胡余德六子）之子胡贞权，同治初年企图在休宁开设“胡开文”分店，被胡贞观以“祖制”制止，于是另起炉灶，开设“胡子卿墨店”，由于要和“胡开文”竞争，所以他制墨从不沿用胡开文老店的款式，而是另辟蹊径，创造新品，销路很畅。

屯溪镇“胡开文”分店在胡锡环掌管后，先是希望制墨，被胡贞观以“祖制”阻止。后来他干脆开设“屯溪胡开文墨庄”，并将“苍珮室”的“珮”字改为“佩”字，使用“苍佩室”商标，以示与休宁老店相区别。由于是胡氏一脉相传，墨庄所产墨品质量也很高。他们以生产普通墨为主，兼做高级墨。

总之，在胡贞观掌理期间，不仅休宁“胡开文”墨庄生产规模扩大，产品质量稳定，整个生产继续保持向上发展的势头，而且各地的分店林立，占领了广大的市场，这一切都标志着“胡开文”墨业进入了辉煌时期。

颓势中奋进

清朝末年到民国期间，国内政治局势动荡不安，尤其外国自来水笔逐渐进入市场，对墨业冲击很大，加上国内战争连绵不断，在国民党黑暗统治下，通货膨胀，又由于抗日战争爆发，所以这一时期使“胡开文”墨业遇到空前困难，无论从原料采购到产品销售，都步履维艰。“胡开文”墨业呈现出颓势，但由于胡氏传人的努力，“胡开文”仍在颓势中奋进。

光绪五年(1879)，胡贞观病逝于杭州“胡开文”分店，遗嘱命休宁老店由二房(次子祥符)继承，但祥符已死十二年，且无后，胡贞观并不知道。故墨店暂由四房(四子祥禾)代管，待四房长子过继二房为嗣后再将墨店归还二房，所以胡祥禾作为休宁老店的第五代传人管理店事。胡祥禾理事期间，由于重金招聘了一些技艺精湛的墨模刻工和制墨高手，如著名墨模刻工王绥之以及著名墨工曹观禄，故也制出了不少高级精品，像“圆明园”、“黄山图”、“西湖十景图”等集锦墨。同时也为不少名流显宦监制过墨品。这一时期，休宁老店继在扬州、杭州、上海、安庆设立分店后，又在苏州、长沙、汉口、芜湖等地设立分店，负责销售休宁老店生产的“胡开文”墨品。

胡开文所制的“地球墨”，1915 年在巴拿马万国博览会上荣获金奖

“屯溪胡开文墨庄”自胡锡环开设后继续发展。胡锡环晚年将店业交由次子贞奎和五子贞堤掌管。光绪末年，他们为扩大生产，采取股份制经营，由各房兄弟分“俊记”和“寿记”二股联合经营，由于资本扩大，年产墨品三四千斤。尤其值得一提的是他们富有创新精神，由于受到李时珍《本草纲目》中“墨能和小便、通月经、治痈肿”的启示，采用名贵中药制成“八宝五服药墨”，有豁痰开窍、平肝息风、镇惊安神、清热解毒功效。此墨价格昂贵，但受到人们欢迎。浙江人到休宁齐云山拜佛，都要购买此墨。

根据当初协定，胡祥禾的长子胡洪椿过继给二房祥符为嗣，然后再继承休宁老店。1908 年胡洪椿接管店事，成为休宁“胡开文”墨庄第六代传人，在他理事期间也曾为“胡开文”创造过辉煌，无论在墨品质量还是花色品种上都处领先地位。1915年该店生产的“地球墨”，在巴拿马万国博览会上荣获金奖和南洋劝业会优质奖章。地球墨就是出自店内著名墨工曹观禄之手，该店生产的“百寿图”集锦墨也在会上获奖。

但好景不长。很快日本帝国主义大举侵华，抗日战争全面爆发，“胡开文”墨业受到极大冲击。重庆点烟房也无法供应松烟，故在抗战前夕停业。胡洪椿便在休宁另造点烟房，准备试制桐油烟，因抗战爆发，交通中断，桐油进不来，计划落空。同时，原从广东运进的制墨用胶也因战事而货源断绝。无奈之下，从太平买进牛皮胶，墨品质量大大下降。休宁“胡开文”墨庄从此一蹶不振，该店在全国各地的分店也因战争大多歇业，少数分店勉强支撑，也于解放前夕歇业，或于解放后变为公私合营。休宁老店在解放后还独自经营到1957年停业，1961年胡洪椿去世。休宁“胡开文”墨庄从胡天注创业到胡洪椿停业，前后传承六代，延续近二百年。

（史华）

四世茶商“龙川胡”

绩溪是徽州府六县之一，位于安徽省东南部，是徽文化重要发祥地之一，也是徽剧、徽墨、徽菜的发源地之一。从宋代开始，绩溪商人就开始崭露头角，明清时期达到鼎盛，因此绩溪商人是徽商中的一支重要的生力军。除著名的红顶商人胡雪岩、徽墨名家胡开文外，还有龙川胡氏胡沇源一脉四世茶商也很著名。本文介绍四世茶商“龙川胡”。

“龙川胡”述略

绩溪县与徽州其他县相同，境内居民基本由移民后裔组成。胡氏则是绩溪人口最多的姓氏，分布于县内七十多处村镇，历史上曾有四支胡氏先后四次迁入。其四支为：“龙川胡”、“金紫胡”、“明经胡”和“遵义胡（尚书胡）”。这里略述“龙川胡”。龙川胡是最早迁至绩溪的一支，早在东晋大兴元年（318），镇国将军胡奋之侄胡焱，字子琰，以散骑常侍自青州提兵镇守歙州，初居华阳镇；咸康三年（337），自华阳镇游览至龙川，见此地山清水秀，环境优越，遂卜居筑室于龙川之口周家马，又名大坑口，成了龙川胡氏始祖，世称“龙川胡”。龙川村依山傍水，一河从村中流过，风景秀丽，是古人常说的风水宝地。于是后世为官宦者代不乏人，其中县令以上二十余人，中进士十人，著名的则有十世胡思谦，官太师，封魏国公；三十世胡富，进士，官至户部尚书；三十四世胡宗明，进士，官至都察院右副都御史；胡宗宪，进士，历官湖广道监察御史、兵部尚书等。

胡氏居龙川至今有将近一千七百年历史，文化遗存甚多。龙川胡氏宗祠始建于宋朝，明代嘉靖间重建，明“江南四大才子”之一的文徵明曾亲题“龙川胡氏宗祠”于门楣匾额，清代光绪四年(1878)重修。1988年被列为国家重点文物保护单位。龙川村水街南岸屹立奕世尚书坊，旌表的是龙川胡氏最有名的两个历史人物：户部尚书胡富和兵部尚书胡宗宪，此坊1986年列入省级文物保护单位。龙川的牌坊除奕世尚书坊外，还有世科、进士、尚书、联璧、都宪、大方伯等牌坊十三座。奕世者，累世相传之意。历史的发展进程，表明了“龙川胡”确是人才辈出、文化深厚。

“龙川胡”家谱分东南西北中五门，本文叙述的茶商胡沇源是“龙川胡”家谱里的中门，到了他这一代(龙川胡四十四世)，下传谱系为：沇、树、炳、增、锦，分别含有水、木、火、土、金的五行相生之义，即水生木，木生火，火生土，土生金。或许如此相生相成，才使得四世茶商得以相承相继吧。

胡沇源从商

胡沇源(1820—1892)，又作永源，龙川村人，少年时家境贫寒，父母便依照徽州人“十三四岁，往外一丢”的惯例，托歙县一位亲戚将他推荐到江苏东台县的一家茶叶店里做学徒，学习经商事宜。徽商经营的行业很多，以盐、茶、木、典业为主。徽州素为著名的产茶区。清代中叶以后，更有“祁红”、“屯绿”等名品闻名于世，于是徽商中经营茶业者很多。胡沇源在茶叶店当学徒，也同大多数徽州子弟一样，要经过一个学徒习商的过程。学徒时间一般为三年，三年内没有薪水，只有一些生活零用钱，干的无非是那些端茶送水，擦桌扫地，开关门板之类杂活，也学习一点打算盘、称秤等经商的基本知识和技能。胡沇源为人忠厚，做事认真仔细，头脑灵活，手脚也敏捷，遇事又喜欢推敲揣摩，因此对店里的业务和进货出货时的细节都熟悉得很快，并能够很好地加以运用，遂与别的学徒相比，就显得突出和能干，深得店主赏识。学徒期满后，可升为“伙计”，其分工有“水客”、“司账”、“掌秤”等。胡沇源被老板安排担任了茶叶店里的“水客”一职。

水客又叫“水脚”，是负责茶叶推销、茶号相关物资采购，或者进行市场调查、收集茶叶行情的人。因为他们外出所乘的交通工具多以船只为主，故称为“水客”。水客在茶号的地位比其他伙计要高，待遇也好，薪水一般和司账先生相近。自然对水客的工作要求也比较高，要求他们能够很好地鉴别茶叶质量，对整个茶业市场的行情也要了然于胸，既要具有相当高的业茶经验，还要具有敏锐的观察分析能力。通过自身的努力和在茶叶市场的不断打拼，胡沇源不仅是一个非常称职的水客，而且成了对经营茶叶各方面都比较熟悉，并有了自己独特认识的行家里手。他在到徽州和浙江收购茶叶时，也顺便做一点茶叶购销，因此他不想自己一辈子都只做个“水客”，他要开创自己的经商之路。

“胡源泰”茶庄原门市旧址

多年的经验积累和资本积聚，胡沇源终在清朝道光年间离开了老东家，与歙县洪、王两亲戚合资，在江苏省泰兴县黄桥东大街创办了“裕泰和”茶号。店名是经营者的商号和招牌，也是商家信誉的标志。明清时期的徽商都十分重视和讲究字号招牌，一般都是请名人题写，良匠雕刻，使其成为“黑底金字”或者“金底黑字”的“金字招牌”。胡沇源自然也这样做。此后，胡沇源又先后在季家市东大街、泰县姜堰十字街开设两爿“胡源泰”茶庄。胡沇源选择姜堰城作为他经商之地，是在掌握许多市场行情下才确定的。姜堰城不是很大，离泰州大概二十公里，交通方便，商业繁荣，历史上素有“粮仓”的美称，地理位置可谓得天独厚。胡沇源也准备在此再显身手。然“天有不测之风云”，到咸丰年间，太平军与清军在徽州地区开战，战火迅速蔓延至徽州各县，人们四处躲避。大批在此做生意的茶号茶商也纷纷携资避祸，大家都不敢贸然外出购茶。胡沇源不想自己刚刚起步的事业就此断送，并认为这也是难得的机遇，遂多次冒险走进茶源地收购茶叶，使得茶号的生意得以维持。咸丰十年(1860),太平军进入绩溪,胡沅源忙携家眷从徽州绩溪迁避到苏北泰州。约1876年前后,与他合资的洪、王两家撤股,胡沅源便独资经营“裕泰和”。

胡沅源也极具“徽骆驼”的吃苦耐劳精神,不久,胡沅源就开设了第二家茶号分店。他仍然是“日当店面,夜宿店堂”,丝毫没有懈怠。和那些优秀成功的徽商一样,胡沅源处处能“察行情、权时宜”,使得茶号的生意越做越大,越来越兴隆。他经营的茶叶不但品种繁多,质量优越,而且价格也十分公道,能够做到童叟无欺。因此,受到当地顾客的一致好评。在茶号生意不断兴隆之后,胡沅源又将大量的资金用来扩展茶号分店,“功夫不负有心人”,没过多久他就将“胡源泰”茶号扩展到了上海、靖江等地。

继承与发展

同治、光绪年间,日渐衰老的胡沅源便将“胡源泰”茶号的生意交由儿子胡树铭接手打理了。胡树铭自小便跟随父亲在自家的茶叶店里学习经商之道,深知父亲的茶号来之不易。因此,他没有坐享其成,而是认真刻苦地学习业茶本领,牢记商业规则,很好地接手了“胡源泰”茶号。1892年,胡沅源逝世,享年七十三岁。正当胡氏一家人扶柩奔丧时,店里的伙计趁着东家返乡之际,勾结盗贼里应外合,偷走了茶号里的大部分货物,致使茶号损失惨重。获知消息的胡树铭不愧为胡氏当家人,他忍受着父亲离世的悲痛,坚定地振作精神重新打理“胡源泰”茶号的生意。经过一年多的苦心经营和奋力拼搏,使“胡源泰”茶号再度兴盛,重享胡沅源在世时的名声。

清代茶工将茶叶分装入箱

胡树铭自幼深受父亲的影响，在经营"胡源泰"茶号生意的同时，也像父亲当年那样来培养和教育自己的孩子。"贾而好儒"是徽商的一贯作风，他们在经商致富后，也十分重视对家族子弟的教育问题，还广建私塾、义学和书院。所以，胡树铭的四个儿子有三个在绩溪考取了秀才。

"裕泰和"与"胡源泰"之所以能成为百年茶庄，是因为其经营和管理不是靠着一个人或一代人的奋斗，而是依靠整个家族的代代相传，继承发展。民国初年，正当胡树铭大展拳脚之时，不料竟重病缠身，撒手人寰。幸而他的两个儿子胡炳华、胡炳衡顺利地接手管理茶号生意，并且在泰兴增设了"胡震泰"茶号。胡氏两兄弟共同进退、荣辱与共，使家族生意蒸蒸日上。但是，不幸再次降临了这个家族。民国九年(1920)夏天，胡炳衡作为候选人回乡参选省议员，不料旅途舟车劳顿，加上不慎感染上了疫病，竟使正值壮年的他在家乡逝世，年仅四十七岁。留下茶号茶庄交给胡炳华一人挑起家族重担，结果也因劳累过度，于民国十三年(1924)，在绩溪龙川老家病逝。一下子失去了两个当家人，胡氏的子孙也都还小，不能担负家族重任。然而凭着绩溪人百折不挠的“绩溪牛”精神，胡家妯娌们毅然决然地挑起了祖传的家业。人称“四婶”的胡炳衡的妻子更是显出了特有的魄力，独自执掌两个茶号的生意。她审时度势，缩小规模，调整人事，重金礼聘能人，仅用了半年时间，便扭转了局面，保住了家族的信誉并且发扬光大。

20 世纪 30 年代，胡沆源的曾孙胡增麟、胡增鑫、胡增钰相继长大成人，胡家女人也终不负家族厚望，使胡家子孙能够顺利接管祖业。他们兄弟间和睦共处、分工合作、同舟共济，相率经营着泰县、泰州和上海的胡震泰、胡裕泰、胡源泰等五爿茶号，并在杭州、淳安、徽州开设茶叶采购栈四处，形成了连锁性的经营模式。胡沆源祖孙四代历一百二十八年，共设茶庄、茶栈十二爿，其中靖江、泰县、上海市的五爿胡源泰茶庄经营至 1956 年公私合营。

衰落与改行

1938 年，日本侵略者进攻上海，烧杀掳掠，恶行滔天，一时间上海的时局很是混乱。胡氏家族聘用的在码头看仓库的员工因为害怕而选择逃跑，致使仓库无人看管，滞留在码头仓库里的茶叶、桐油、草席等货物很快就被劫掠一空，胡氏茶号损失惨重，元气大伤。19 世纪末以后，东南亚茶业兴起，逐渐取代中国茶叶长期在国际贸易上的地位，而一些外国茶商还直接进入茶区腹地开厂置业，在疯狂掠夺我国茶叶资源的同时，压价收货，操纵和控制着茶业，从而使中国茶业雪上加霜，大批茶园荒芜，茶商亏本，茶号倒闭，茶业逐渐滑入低谷。同时，旧中国战乱不断，时局动荡，社会腐败，税务繁重，以致造成民不聊生。

故到解放前夕，中国的茶业已呈奄奄一息的状态。

在如此内外交困的情况下，胡氏家族的最后经营者胡增钰在泰兴苦苦维持着胡氏最后的茶号——“胡震泰”。胡增钰毕业于上海大厦大学（华东师范大学前身）法律系，但他大学毕业后并没有从事法律工作，而是回到泰县掌管家族茶庄生意。虽然他受过良好的高等教育，待人接物也十分和善，在经营茶号生意时也十分拼命，竭尽全力地到处奔波，但在当时的情况下，仍旧无法扭转茶叶行业“连年折阅”、“十商九困”的局面。最后，胡氏家族在各地的茶庄只能是相继合并、转营到泰州等地苦苦支撑，直到解放后的1956年公私合营。

1956年，百年茶庄“胡源泰”在政府公私合营中被划归供销社所有，上海“胡裕泰”也被改成食品店。由胡沇源创立的“茶庄世家”，完成了其家族商业艰辛而自豪的历史旅程。

歙县芳坑江氏茶商

歙县南乡的芳坑是一个风景秀丽的山村，自南宋宝祐年间有名为江斗者举家自婺源迁于此定居，从此他的后代就劳动生息在这块土地上，人称芳坑江氏。清代后期，芳坑江氏由于几代茶商崛起而引人瞩目。百余年后的今天，虽然时过境迁，当我们站在当年江氏茶商建造的高大气派的屋宇面前，听着江氏后人的诉说，不能不为江氏茶商的兴衰而慨叹！

一个商贾世家

徽州地处山区，人多地少，为了生存，人们不得不四出经商谋生。明清时期，徽商正是从这里走出去闯天下的。芳坑江氏也有不少人经商。据《萧江氏家乘》记载：早在万历中期，江氏第二十四世祖江天稳就“因贸易而寄居平岛”，究竟经营什么行业不得而知。以后随着业贾风气越来越盛，江氏经商代不乏人。从清初到清末，见于家乘记载的江氏每代都有人经商，完全是个商贾世家。如江天稳之孙江可涧从清初就“用策肩贩”，外出经商。他采取“人弃我取，人取我与”的办法，逐渐致富。江可涧之子江梦梧继承父业继续经商,并"谋创行业",即在继承父业的同时,又开创新的经商行业,并积累了不少资本。

在江氏子孙中,从事茶叶贸易是从江梦梧的儿子江起焕开始的。明中叶以降,徽州茶商就活跃在各地。到了清代,徽州茶商分为两类:从事茶叶对外贸易的称为洋庄茶,茶叶在国内各地销售的叫做内销茶。内销茶主要销往北方广大地区。乾隆初期,江起焕就曾"策茶叶泛海辽东",很可能是从福建采购茶叶,然后循海路运到辽东销售。

他这一去就是十年未归,后来才从锦州到北京,自北京循陆路到家。他这十年究竟积累了多少资本,家乘中没有记载,按照一般情况而言,十年经营是能够发家致富的。他的弟弟江起辉也许在当初就是随兄北上业茶,积累了一些资本后,回家开了一爿酒店。

也许是江起焕业茶积累了不少经验,也许是由于业茶致富较易,于是从江起辉的儿子江有科开始,即世代业茶,并且专门经营"洋庄茶",从而成为远近闻名的巨富茶商。但是,他们活跃的年代正是清代后期,由于国内外形势的巨大变化,他们很快崛起,又很快衰落。江氏茶商这种"其兴也速,其衰也速"的过程,也是清代后期徽州茶商的共同命运。

画作中的清代茶馆

父子"漂广东"

江有科，生于1792年，他是江起辉的儿子、江起焕的侄子。应该说，江起焕业茶对江有科产生了很大的影响，江有科后来走上业茶的道路，不能不受到伯伯的鼓动，当然也会从伯伯那里汲取不少业茶经验。

江有科年轻的时候，正是徽州外销茶业十分兴旺的时候。徽州是茶叶故乡，茶叶产量很大，除了一部分内销外，大部分外销。当时对外贸易口岸只有广州一处，所以徽州茶商就把本地所产的茶叶运到广东，与洋商贸易。当地人将经营外销茶说成是"漂广东"。由于"外销茶"利润很高，致富容易，人们称为"发洋财"，甚至人们流传着这样的说法：发洋财就好比去河滩拾鹅卵石那么容易。故经营外销茶者蜂拥而起，江有科正是在这样的大气候下走上业茶道路的。

大约从道光七年(1827)起，三十五岁的江有科开始"漂广东"，在最初的十来年里，他独来独往，由于业茶资金必须雄厚，而家庭也未给他提供充足的资金，所以他开始经营的规模不很大，只是从徽州购买成品茶再贩运到广东销售。这十来年主要是积累更多的资金和经验，为今后发展奠定基础。

随着儿子江文缵(1821—1862)的逐渐长大成人，江有科有了得力的助手，江氏茶商的兴旺就是在他们父子漂广东期间。经过十来年的积累，江有科已经有了较多的资金，于是开设了"江祥泰茶号"，收购、加工、运销一条龙，标志着江氏茶业进入到一个新阶段。

所谓茶号，就是收购、加工茶叶的场所。茶农采摘的茶叶，经过初步加工后谓之“毛茶”，这还不是成品茶，必须经过进一步加工、装箱才能成为运销外洋的商品。茶号必须有宽敞的作坊，一系列的加工设备，还要雇请不少劳工，非有雄厚的资金不可。一般资本微薄的茶商只能从茶号购买成品箱茶，再转运到广东销售，这样茶叶成本就高，所以利润也就有限了。

长期的业茶经验，使江有科懂得，要想赚取更多的利润，就要降低茶叶成本，因此必须独立开设茶号，把收购、加工、运销各个环节都控制在自己手中，于是他一旦积累起足够的资金，就开设了“江祥泰茶号”。江有科父子在芳坑附近的漳潭租赁厅屋数间，作为茶号对外营业的场所，同时利用江氏宗祠和家中房屋，安置一些设备，作为加工茶叶的作坊。

每年新茶开采时节，乡间有不少人背负口袋，走门串户到茶农家收购毛茶，再转售给茶行（茶庄）。这些小贩背着装满毛茶的大口袋，行走在乡间的小道上，酷似水中的螺蛳爬行，故当地人将这些小贩称为“螺蛳贩”。也有的茶农径自将毛茶售给茶庄。江祥泰茶号每年或者派人到附近各个茶庄收购毛茶，或者派人在茶庄坐地收购，茶庄提取佣金。据《道光二十五年江祥泰进广誊清账册》载：本年通过本庄、春庄、遂安庄、鸡萝庄、街口庄、诸暨庄、绵庄、街源庄收购毛茶一万七千余斤，这里使用的秤是二十四两一斤的大秤，每斤合户部规定的秤（十六两为一斤）为1.5斤，故本年收得毛茶实际为两万六千余斤。一年收购毛茶两万多斤，规模确实不小。第二年（道光二十六年），江祥泰茶号竟一次收购三万多斤。

毛茶购进后，要及时进行加工，一般分为抖筛、拣茶、焙茶、风扇等几道工序，根据不同的毛茶质量和不同的加工方法，制成各种花色品种的成品茶，诸如“松萝”、“雨前”、“圆珠”、“皮茶”、“眠生”、“次生”、“芽茶”、“次雨”等。当时外销茶必须装入锡缶密封，外用彩色板箱包装(每箱约四十斤)。江祥泰茶号在兴旺时每年都要加工箱茶二万至三万斤,堪称巨商。

茶工拣茶

为了及早赶赴广东茶市,茶叶加工成箱后,必须及时运赴广州。在当时运茶至粤是非常困难的。千里迢迢,翻山越岭,或者水运,或者陆行。水路要雇船夫,陆路要雇挑夫,其艰难程度是可想而知的。由于江有科年事已高,大多时候押运的任务就落到了江文缵身上。道光二十六年(1846),江文缵押运三万余斤茶叶赴粤。先将茶叶运往屯溪,屯溪是徽州茶叶集散地,政府派员在这里查验给引,收税放行。江文缵在屯溪查验完税后,雇船将茶运至渔亭,再起旱路,三万斤茶叶要雇三四百个挑夫,真是浩浩荡荡。走过三十一公里的山间小道,到达祁门,再雇驳船或竹筏运货至江西饶州,再从饶州雇三板七仓船二只、六仓船一只运至赣州,在赣州完税后,换乘安驳船六只,运抵南安,再雇数百名挑夫、保镖,翻越大庾岭至南雄,换水路雇船至广东韶关,在韶关大顺报房交纳饷银、挂号红票等费后再雇老龙船运货至广州。全程大约需近两个月的时间。茶商之辛苦,于此可见一斑。

辛苦之外，还有危险。长途跋涉，水陆兼行，还要翻山越岭，往往会有飞来之祸。我们从一些方志、谱牒中，常常可以看到徽州茶商罹祸遭灾。如婺源茶商李登瀛，“业茶往粤东，经赣被盗”，又遇土匪“阻船需索”。詹添麟“业茶过南雄，担夫数十人，窃货以逃”。至于水中翻船之事，也屡有发生。因此商人确实要有股勇气，不畏艰难险阻，不辞奔波劳苦，才能从事茶业。

既苦又累还险的行业，总是伴随着高额利润的。茶业也是如此。道光二十六年（1846）江有科一次运茶三万余斤，按照当时平均价格计算，售出后扣除成本可得近一千五百元（银元）纯利，如果当年售茶高于平均价格，得利会更多。况且茶叶加工时还有大批茶叶碎片、茶梗等次货可以用于内销，这也是一笔纯利。一次茶市，从收购、加工到运销不过三个来月的时间，就得到如此多的利润，应该说是很可观的。

做　茶

从江有科留下的账册来看，有近十年时间生意最为兴隆，每年都销茶三万斤左右，看来积聚一二十万元的资本不成问题，这在当时可谓一大富豪了。

致富后，江有科父子在故乡购置土地，走“以末（商）致富，以本（农）守之”的老路。另外又大兴土木，建筑宅第，号曰“静远堂”。该堂为两大院落，都是两厢一厅砖木结构的楼房，雕梁画栋，巍峨气派，甚至连楼上都用方砖铺地。事隔一百多年后，当我们站在这个建筑物前，似乎还能依稀感到当年建成时的富丽堂皇。

江有科还在广州娶了两房姨太太，建造别墅，金屋藏娇。又花一百零五元买了一个十一岁的少女秀兰，后来给儿子江文缵为妾。父子俩还像大多数徽商一样，不惜重金捐资买爵，双双列名缙绅。

正当江有科父子漂广东，获大利，准备大干之时，国内政治形势发生大变，酝酿已久的太平天国革命于咸丰元年(1851)爆发。太平军初起时，势不可挡，迅速从广西北上，占领江西，这样徽商运粤路线中断，而且战火不断扩大蔓延。

眼看茶叶生意无法再做下去了，万般无奈之中，咸丰四年(1854)五月，江有科带着两房姨太太从广州回到故乡居住，半年后病逝，年仅五十二岁。

在观望一段时间后，江文缵重操旧业，继续业茶。早在鸦片战争后，随着五口通商，上海逐渐成了茶叶的外贸口岸。那时候，之所以还有不少徽商继续“漂广东”，主要是人事较熟，做生意比较方便，江有科就是这样，更何况在广州还有别墅等不动产以及两房姨太大，所以江有科在上海通商后仍然去粤业茶。江有科去世后，江西的交通仍未恢复，故江文缵决定将茶叶运往上海。开始尚还顺利，“利虽微而生意快捷”，但好景不长，很快就由于洋商压价收购，使茶商不仅无利可图，而且还常常亏本。今天，江氏后人还保留了当时江文缵写给秀兰的一些残信，其中透露了不少当年惨淡经营的消息。其中一封写道：

> 所做之茶运往上洋脱售，不料今年夷商仍然不肯出价，开盘甚低，生意不能顺利，各号皆然，比广州大相悬远，沾(赚)钱实实艰难，一年难望一年……

另一封信中写得更惨：

庄卓记一千吊，庄曙记五百陆拾吊，漕坚八百两，催逼甚紧。抗项不完，势要成讼。论（弄）得家业消凋（萧条），化为乌有，食用难度，一家人口难挨日矣

昔日的大茶商，如今竟变得“家业消凋”、“难挨日矣”，衰败之快，简直令人难以置信。

年年亏本年年做，总想把本赚回来。无奈时运不济，命途多舛。同治元年（1862），江文缵在贩茶途中一病不起，年仅四十二岁。

在困境中奋起

江文缵去世后，第二年江文缵夫人又病亡，其子江明恒年仅十五岁，家中还有两位姨祖母、一位不善经商的叔父和一个未成年的妹妹。

家中生活顿失来源，只得靠变卖田产度日。

虽然江明恒聪明好学，颇为能干，但毕竟年龄太小，更无资本，不能独立经商，只得出去打工。他先在一家茶号中当专司过秤的秤手。据其后人回忆，江明恒不但工作负责，而且刻苦好学，工作之暇，认真学习书算。有一年茶号收场结算，账目被管账先生弄得一塌糊涂，老板让江明恒帮助理账，很快就把一本糊涂账理得清清楚楚，因此深得老板赏识。第二年江明恒即取而代之成为该茶号的管账先生。

志存远大的江明恒自然不愿长久寄人篱下，他在当了几年管账先生、积累起一些资金后，便离开家乡独闯天下了。他在苏州拙政园开了一家小茶铺，零售徽州茶叶，准备积累更多的资本，然后再像自己的父祖那样，从事大宗茶叶贸易，他在耐心地等待着时机。

苏州拙政园

谁知机会很快就来了。拙政园是苏州名园，常常有不少达官贵人来游玩观光。这一天，两江总督李鸿章微服来到拙政园，看到江明恒的小茶铺布置得整洁素雅，于是进店小憩。深知“和气生财”道理的江明恒本来对每位顾客都热情接待，更何况凭他的精明也能猜出这位举止不凡、谈吐文雅的“客人”决非寻常之人，于是大献殷勤。他热情而不虚伪，机灵而不狡猾，立即博得李鸿章的好感，两人交谈了很久。当李问及茶叶行情时，江明恒应答如流，在了解到江明恒想做洋庄茶而苦于无资本的情况后，李鸿章当即欣然答应，把江明恒介绍给上海谦顺安茶栈大老板唐尧卿。

李鸿章像

这真是天赐良机。江明恒立即奔赴上海，与唐尧卿拉上关系。唐是广东人，在上海开茶栈。那时外销茶必须通过茶栈转售给洋商，茶栈从中提取佣金。由于当时洋庄茶主要来自徽州，唐尧卿为了争取更多的生意，也很想物色一名精明能干的徽州商人。所以一见江明恒，欣喜过望，江明恒忠诚可靠，干练灵活，很快取得唐尧卿的信任。于是唐尧卿委托江明恒向徽州茶商放贷，因为业茶必须要有雄厚资金，而经过咸同兵火劫难之后，徽商元气大伤，资本丧失殆尽，很多茶商急需贷款。但领贷后，不仅要按月付息，还得把茶叶交由该茶栈销售。江明恒由于对徽州茶商情况很熟悉，非常顺利地完成了任务。就这样，江明恒从一个小茶贩顿时变成谦顺安茶栈的大红人，更成了一些急需贷款的徽州茶商拉拢的对象，有的甚至答应让他吃空头股份。江明恒后来居上，无本起家，迅速积累起大量资金。

由于攀上唐尧卿这样的大老板，资金上有了充分保证，于是江明恒又回到徽州开起茶号来，他与谦顺安茶栈订立协定，双方合股经营。如光绪二十五年(1899)，由谦顺安出股本四千两，江明恒出股本二千两，合资开设谦顺昌茶号，股本如不足营运，则再由谦顺安提供贷款。

光绪三十一年(1905),江明恒又同江仁、玉鉴卿、江印之等合资开设谦恒泰茶号,共集资金八千元,折银五千八百余两,实际使用时资金又扩大到二万四千余两,不足部分由谦顺安和其他两个钱庄贷款。江明恒灵活地运用合资、贷资等形式开设茶号,使得他的经营规模远远超过乃父乃祖。据江氏后人保存的资料显示,江明恒开设的茶号从同治到民国,曾有"永盛怡记"、"张鼎盛"、"德裕隆"、"福生和"、"谦顺吕"、"谦泰恒"、"永义公"、"合兴祥"、"泰兴祥"、"德声和"、"莘声和"、"启源"、"裕丰祥"等。这些茶号大多设在屯溪,主要便于茶叶收购、加工、运输。由于利用合资、贷资等形式,扩大了资本,所以每年收购的茶叶,少则数万斤,最多达二十万斤,茶号一般雇佣数百工人,最多时达千余人进行加工,已经是一个名副其实的茶业巨头了。

江明恒的精明之处不仅表现在善于利用各种资本,扩大经营规模,而且表现在他对茶叶收购、加工、运销各个环节都非常注意,甚至事必躬亲,并能提出指导性意见。在收购茶叶方面,他深知,每年要收购几万斤、十几万斤甚至二十多万斤毛茶,稍有不慎,就会亏本。所以他亲自撰写《买茶节略》一册,专论收购茶叶的注意事项,强调收茶时不仅要"讲价",而且要学会从形、色、香、味几个方面"看茶"。他的《买茶节略》,很可能就是当时向全体收茶人员宣讲的底本。

在做茶方面,他也专门撰写《做茶节略》一册,专论茶叶加工过程中各道工序的技术问题和管理问题,显然这也可能是向全体茶叶加工人员宣讲的。从《买茶节略》到《做茶节略》可以看出,江明恒由于长期业茶,又勤学好问,积累了丰富的经验,成了茶叶方面的行家里手。

茶号做茶既要保证质量,又要抢时间,延误一天,不是影响茶叶质量,就是影响茶叶售价。江明恒的茶号一般都有几百人甚至上千人,指挥这么多的人,没有相当的管理才能是不行的。江明恒正是一个颇有管理才能的人。《做茶节略》中就对于加强各个环节的生产管理做出了详细的规定：

> 拣场之事，看拣、种架之人必须正气为主，不许与妇女谈笑搅混，恐生是非口舌。进出之秤必要两处较准，如收秤上少称欠数，即要上板摩来及地下排来补数；如补不足，即要照数赔偿，计钱若干，批票标名，将钱并票穿挂在秤架上以警将来偷窃之弊……
>
> 若是拣场发来之净货，必须未下锅之先为把作灶头及老伙、风扇并伙锅副手过眼看过。如是净，方可下锅；如是毛，即打回复拣。拣净则拖来下锅，此亦易使之事。若不精细看过毛净下锅，收伙起锅，再讲拣毛已迟。即与拣场无涉，此系把作灶头及熟货扇（风）之人不看毛净之过也……
>
> 通号内之茶，毋论生熟毛净之货，堆放各处过夜，必须要盖好。倘遇有风暴雨天气，务要着打杂把作及抖筛之人切要细寻看漏，不可大意。所是过夜之茶，不论风扇、拣茶、筛场、锅场等处，各人经手堆放者，各人收拾盖好，以免推卸，各司其事。

由于从茶叶收购到加工各个环节江明恒都严格把关，所以既保证了茶叶质量，又将茶叶成本降到最低水平。

茶叶销售也是极重要的一环。江明恒由于拉谦顺安茶栈合股开设茶号，这就不仅仅扩大了商业资本，而且将谦顺安的利益和茶号的利益紧紧联系在一起。因此江明恒的茶叶运抵上海后，不仅不会出现茶栈压低茶价收购茶叶的情况，谦顺安茶栈反而千方百计地提高茶叶售价。不仅如此，江明恒还与谦顺安茶栈串通谋利：他的首批茶叶运沪后，密嘱谦顺安茶钱降一等估价，这实际是做给其他茶号看的，使他们也不得不按此标准降价出售，洋商因而大得其利。待其他茶号的茶叶出售完毕；江明恒的茶叶大批运沪，洋商为了酬谢江明恒，遂将其茶叶升一等收购，江明恒由此获得大利。

江明恒由于与谦顺安茶栈建立了密切的关系，他还可以最先了解到洋商行情以及其他一些商业信息，往往抢先一步，捷足先登。如光绪二十八年(1902)唐尧卿在给江明恒的密信中就说：

> 查外洋绿茶存底无多，又司令票顺下二百三十五个，计今看上海绿茶开盘照去年之价必提七八两……但屯溪、婺源茶上市，定必抢买方得有货。俏市如此年辰，计上中下之货，跟市价进货均要早谋，迟者价必提。不及宜早立定主意人手，大胆赶早抢办足千担，半做熙春，半做大盆，赶快运来上海，必得厚利……惟望必要早进货，先占人下手，如价宜货好，再多办八百担，胆大不妨。愚见若是，幸勿扬外，谨此专奉。

这当然是非常重要的商业信息，江明恒立即行动，自然比其他茶商抢先一着，所以他业茶大多能获厚利。据江氏后人保存的不完整的账簿来看，江明恒一年业茶能获三四千两银子的利润，最多的(如同治十年)竟获利八千余两，和他父祖相比，真可谓青出于蓝而胜于蓝了。

清代茶叶运输

江明恒成了大贾后，又利用多余资金开展多种经营。他曾投资三千两在汉口开设怡丰裕洋货号，利用和洋商的关系，采购洋货发卖。上海永隆京广洋货号、苏州信昌成号他都投资入股，各有股本一千两。他还与别人合资经营苏州恒大油行、裕泰米铺、薛坑口杂货店。还独资经营江瑞茂糕点店、开办杭州最利转运公司，江明恒真堪称一个“多金善贾”的大商人。

徽商“善于行媚权贵”，这在江明恒身上也得到充分反映。李鸿章可谓他的救命恩人，所以他一直对李鸿章怀着感恩之情，千方百计巴结李鸿章，虽然很多具体细节我们如今不得而知，但从他和李的交往来看，决非同一般。李鸿章曾亲笔为他题写对联：“玉树临风人集一品，芝田养秀春满四时”。该对联江氏后人一直保存，后毁于文革。江明恒运茶的茶箱上还贴有两江总督的封条，显然也是李鸿章的帮忙。江明恒家还有洪钧、王文韶等显贵的不少翰墨，也说明江明恒与他们交往甚厚。江明恒的茶箱上还曾贴有“两淮盐运司”专用的货箱封条，封条上印有“钦加二品衔总理两淮都转盐运使司”字样，说明江明恒又与两淮盐政官员拉上了关系。

就是对通事（翻译）先生，江明恒也不敢亏待，每年都要从徽州采购大批土特产品奉送，以及通过他们转赠洋商，希望他们在售茶方面提供方便。至今还保存的两封信稿就透露了这方面的信息。一封江明恒给别人的信中云：“弟意仍请吾兄另加函恳托二位通事先生，□□之茶，既失机会于前，务请念在交好，随时留心。”另一封别人致江明恒的信中说：“今年关上洋人均系新调，查验严紧异常，是以□行一式，难于格外讨好，奈何！奈何！”这一来一往的信函，把江明恒对“通事”、对“洋人”“格外讨好”的媚态和盘托出了。江明恒正是善于依附封建政治势力，巴结洋商，所以为自己业茶提供了极大的方便。他是十分谙于经商之道的。

致富后的江明恒也像他的父祖一样，除了购置土地外，又在家乡大兴土木。他将父祖遗下的“静远堂”四周邻地买来，加以扩建，更名为“芳溪草堂”，厅堂楼阁，极其华丽。室内全是高档红木家具，陈设着珍贵的古玩字画，另外还专辟一处为藏书楼，珍藏用重金从各地搜求的珍贵书籍，俨然一个书香门第。江明恒平时生活也很奢侈，其夫人去世，丧事就大办了几十天，为建造坟墓，还派专人去黟县采办石料。有一次为其好友张以文祝寿，江明恒专门请来名戏班为其演戏三天，以示朋友之谊。在他发迹的那些年，也着实在家乡红火了一番。

但是，“喜荣华正好，恨无常又到。”随着国际茶叶市场的变化，印度、锡兰、日本等国茶叶迅速占领国际市场，华茶的地位受到严重威胁。加上华茶始终处于手工制作阶段，质量难以与机制洋茶竞争，洋商乃借口质量问题，拼命压价收购，甚至各国洋商采取统一行动，逼迫中国茶商就范。茶商大多贷本经营，不敢待价而沽，只得忍痛抛售，使得茶商连年亏本。从江明恒《历年亏耗》账册中可以发现，从光绪二十六年(1900)至民国十一年(1922)，几乎年年都有亏折。他先前投资的其他行业也纷纷失利。在走投无路之下，江明恒被迫息商退隐。

尤其在他回乡闲居之后不久，他的夫人、长子、长孙和几个女婿相继病故，真是雪上加霜，对年老力衰的江明恒实在是一个沉重的打击。偏偏祸不单行，民国十年(1921)冬，江家又遭一场回禄之灾，几乎把芳溪草堂化为灰烬。眼望着辛苦一生挣得的家业，如今已七十八岁的江明恒便一病不起，带着无限的遗憾和痛苦离开了人间。

（史华）

洋庄茶商吴荣寿

徽茶商号的概念

地处亚热带的徽州，天然地为茶叶的生长创造了良好的环境，叠翠的山峦是哺育茶树的母体，潮湿的云雾是滋润茶树的琼浆，温和的气候是抚爱茶树的摇篮，故早在唐宋之期，徽州的前身歙州即有茶树栽培，所产茶叶在唐朝时就已销往东南亚诸岛国。王敷《茶酒论》中即有“浮梁歙州，万国来求”的记载。诗人白居易在唐元和十一年(816)写的著名诗篇《琵琶行》中有“商人重利轻别离，前月浮梁买茶去”的诗句，表明“万国”到“浮梁歙州”来求的就是茶叶。可见那时茶叶便成为徽州重要物产之一，而经销茶叶也便成为徽商赖以发迹的一项主要行业。

徽商经营的茶叶，有茶号、茶行、茶庄、茶栈等多种类型。“茶号”是从农民手中收购毛茶，进行精制并运销的厂家。“茶行”类似牙行，代茶号进行买卖，从中收取佣金。“茶庄”是茶叶零售商店，以经营内销茶为主，后期亦少量出售外销茶。“茶栈”，一般设在外销口岸，如上海、广州等地，主要是向茶号贷放茶银，介绍茶号出卖茶叶，从中收取手续费。15、16世纪，中国茶叶已大量销往荷兰、英国、俄国等欧洲国家，茶叶贸易额占我国外贸总额之六成。徽商经营茶叶开始是“漂广东”，五口通商后，交易地点渐渐转移到上海，于是屯溪绿茶和祁门红茶成为我国外销茶的主要品种，歙县、休宁、婺源三县的茶商集中在屯溪设号精制茶叶，屯溪成为徽州外销绿茶的加工远销集散地，故当时有“未见屯溪面，十里闻茶香。踏进茶号门，神怡忘故乡”的歌谣。徽州外销的绿茶因此统一称“屯溪绿茶”，简称“屯绿”。而经营外销茶的商号就叫“洋庄”。当时经营洋庄的茶商颇多，吴荣寿即是其中的佼佼者。

当学徒时的故事

吴荣寿，字永柏，号俊德，绰号荣寿老俊。同治十二年(1873)生于歙县南乡岔口村。这里群山起伏，连绵不断，农户几乎家家种茶、制茶，是个传承悠久的茶乡。吴荣寿就诞生在一个茶叶世家里。吴荣寿从小聪慧，很早就展现出了对茶叶的天赋。十余岁时就谙熟茶叶初制中的各道工序，对鉴别初加工后的毛茶更展现出令人惊讶的本领。茶叶行中曾送给吴荣寿一个绰号“吴一眼”，说是一担毛茶在前，吴荣寿不用闻、不用品、不用摸，只要是看上一眼，就能准确地说出毛茶的产地、日期，甚至能准确到是产在哪座山上，是山头还是山腰，是背阴还是朝阳之地。

徽州人十三四岁，就要“往外一丢”去学生意，有“吴一眼”之称的吴荣寿也不例外，十一岁时就随同父亲、兄长来到屯溪，被送在阳湖一家茶号里做学徒。传说吴荣寿在随同父亲、兄长去屯溪的路上，因为闹肚子跑到路边草丛里去方便，出来时却发现父亲和兄长不见了，因为他们没有注意到他独自走开，这样吴荣寿就落单了。当下吴荣寿很着急，连忙撒腿追赶。谁知屋漏偏逢连阴雨，老天爷此时哗啦啦地下起了倾盆大雨。万幸的是柳暗花明又一村，吴荣寿看见路边有座破庙，当即走进破庙暂时避雨。庙中供着一尊木菩萨，吴荣寿立即跪地参拜菩萨，拜毕起来，却见菩萨头上戴着一顶斗笠。此时外面大雨下得无边无际，冒雨赶路难免会冻坏身子，戴着顶斗笠自然就能缓解很多。吴荣寿想到父亲和兄长发现自己不见了肯定很着急，因此等不得雨停再赶路了，于是就向菩萨拜了几拜，许下一个愿："今日借菩萨斗笠一用，他日发财，定回来为你修庙塑金"，拜完，便戴起菩萨头上的破斗笠冒雨赶路。由此可以看出吴荣寿的灵敏、机智和果敢的秉性。

制　茶

屯绿加工工序非常精细，而且全靠手工操作。毛茶进厂之后，要经过焙炒、风扇、分筛、簸选、拣剔等工序反复运用，才能做出屯绿各花色品种，因此操作工的技术、经验水平对屯绿出茶率和花色质量非常重要。吴荣寿十一岁在阳湖茶号当学徒，从为师傅送茶、运茶学起。他聪明机灵，又刻苦钻研，很快就熟悉各道操作工艺，不仅精于毛茶鉴别，而且对精制茶的质量鉴别也造诣颇深，这为他今后独立经营打下了扎实的基础。

随着时间的流逝，原茶号老板年纪大了，归乡心切，决定放弃屯溪的生意，回广东老家安度晚年。此时的吴荣寿已是二十九岁的富有各方面经验的青年，精明能干，技术熟练，早已成了老板的得力人才。十多年来，老板与他相处很是融洽，因此喜欢吴荣寿，在此放弃生意经营之际，就将整个茶号半卖半送地交给了吴荣寿。吴荣寿便开始了自营茶叶。但直到光绪二十七年(1901)，他在致祥钱庄程贡兰的支持下，扩大了规模，才开始真正经营起属于自己的洋庄茶号“吴怡和”，地点在屯溪阳湖外边溪。

独立经营的磨炼

不到而立之年的吴荣寿当上了茶号的掌柜，正需要父亲给以支持，然而父亲却在此时因心力交瘁离开了人世。吴荣寿真正独力地挑起了经营茶庄的重担。好在他在加工技术上无可挑剔，在资金融通、销售沟通等方面，也颇是行家里手。在独立经营茶号之后，吴荣寿把技术和工艺改进放在了第一位，第一件事就是重金聘请婺源制茶技术高手汪汉良为洋庄茶号总管，并与汪汉良一起，将婺源、歙县两地的屯绿制作工艺技术融为一炉。他破除陈规，对自己雇佣的工人亲自传授操作技术，并以契约形式相对固定地雇佣他们。因此形成洋庄一些约定俗成的做法，如父(母)使用的茶锅、拣板等制茶工具，可以传给其子女使用，称为子孙锅、子孙板。这是两利的事情，既保证工人工作稳定无忧，又让洋庄商家延续有继，从而建立起了一支较为稳定的团队。这有《茶庄竹枝词》为证："急明论暗肆咆哮，坐了编成莫混淆，还是旧年原板好，学他燕子各归巢。"

由于吴荣寿经营茶叶注重质量，又讲信誉，生意越做越大，洋庄越开越多，先后在屯溪阳湖开设了吴怡春、吴永源、华胜、公胜等十八家洋庄茶号。每年雇佣长期工三百余人，临时工人七百余人。长期工人春夏制茶，秋冬维修厂房、器具设备。年加工、销售屯绿数千引至一万数千引。茶引是经营茶叶的凭证，元、明、清三朝皆行茶引法。茶引由户部根据各地茶情颁发给各府州县，再由各县茶商按领引数量依国家税率纳税后获得茶引，方可经营茶叶。那时做洋庄茶叶是非常赚钱的生意，愿意纳税领引的人很多，而部颁茶引数量是相应固定的，如清嘉庆年间(1796—1820)颁给徽州府的茶引为五万六千余道，每道茶引可运销茶叶六十斤。徽州各县销引的情况是：歙县一万五千余道、休宁九千六百余道、婺源二万道、黟县八千五百道、绩溪三千道，祁门因产茶不多而未颁引，其茶由休、婺、黟三县茶商认销。当时领引销茶的场面，也有《茶庄竹枝词》说道："结队成群讨引来，粉红黛绿逞人才。声声来把先生叫，缠得先生解不开。"

虽说吴荣寿的茶叶经营有了很大发展，但在半殖民地半封建社会的旧中国，经济命脉被洋人、买办、官僚所把持，茶叶作为中国对外贸易中最重要的商品之一，更是受到外国资本势力的介入和侵蚀，再加上吏治腐败、社会动荡，茶商的贸易发展受到了各种限制和阻挠。徽州是茶叶的名产地，毛峰、祁红等闻名世界，遂成为洋行茶商眼中的肥肉，三江汇流、交通便利的屯溪，沿江开设了各国的洋茶行。他们用高薪把当地最好的技师搜罗进洋茶行工作，并且有在上海开埠的洋人银行提供雄厚的资本，于是在茶叶市场上大打价格战，以高价收购茶叶，导致茶叶市场茶价暴涨。徽州本地的茶商规模一般不是很大，资本运作完全无法与洋行抗衡，很难购进原材料。吴荣寿的茶叶经营受到严重的影响。家族中便有人劝他赶紧转行，要他在还有些资本的情况下，买些土地耕种。但吴荣寿没有屈服，他把田产、房子作抵押，使债主放心不再追债；他仔细认真地分析形势，以能力和信誉让合伙人不再撤资，继续干下去。他“明知山有虎，偏向虎山行”，艺高人胆大，就是要逆流而上。

徽州呈坎古民居

商战风云的坚韧

吴荣寿深深懂得，逆流而上，不是空洞的誓言，而须实际的措施和行动。于是他在最短的时间内整合资源，大胆拓展业务，在制作技术上独树一帜，以创新取胜。吴荣寿明白自己能拿得出手的只有技术，也只有依靠技术才是打败洋行的唯一途径。

屯绿做色、提香，都在火炒过程中完成，以燃香计时，既是为了掌握火炒的火候，也是给炒工计算工钱的依据。为了使茶叶卖相好，茶色匀一有光泽，当时厂家生产普遍使用兰靛、滑石粉和蜡脂等色料，用这些色料，既有害身体健康，又压抑了茶叶天然的色香味。吴荣寿所拥有的技术，就是能使“吴怡和”的茶叶既不使用添加物，但又碧绿有光泽，具有荼叶本身的色香味。这样，“吴怡和”的茶叶因完美的品质而不愁顾客。吴荣寿带头不使用色料，为最终革除这一陋习起到了引领先锋的重大作用。

吴荣寿凭借多年经营茶叶的经验深知，每年春茶叶初采摘的时节，正是茶农一年中最困难的时候。此时，茶商若趁火打劫，压低价格，必会使茶农无以生存，以致伐茶种粮，这便必然使得次年毛茶产量大幅减产。这对茶商扩大甚至继续经营都是大不利的。所以吴荣寿认识到，如果能把茶农的利益维护好、发展好，有了巩固的供货来源，那必然能带来大量的财富。经过深思熟虑，吴荣寿拿出了一套方案，一是在采摘季节向茶农们提供低息小额贷款，二是对茶农们采制毛茶进行免费培训，同时与茶农立字为据，签订类似的合同。如此，茶农在青黄不接之时有生活资金，而且毛茶质量有所提高，对增加收入有好处；不过，签过字据之后，毛茶便只能卖给“吴怡和”了。另外，毛茶收购时不能当即收到茶钱，要等到“吴怡和”对毛茶精加工外销后，才能支付扣除贷款本息后的余款。茶农们一琢磨，虽然不能立马卖茶得钱，但因有了生活保障，无后顾之忧，加上吴荣寿在经营中的很高声誉，于是一个个都乐与“吴怡和”签订契约，有的还要求签订长期的契约，这自然也符合吴荣寿的心愿。经过茶农们的口耳相传，许多茶农都纷纷加入到“吴怡和”的茶业集团中，把命运同“吴怡和”的金字招牌捆绑在一起。

第二年过完春节后，整个徽州发生春旱，严重影响茶叶的萌发，临近清明才洒下细细雨丝，茶树才发出几缕嫩芽。祖祖辈辈以茶叶为营生的茶农们明白，今年的茶叶必然是个天价。洋茶行的商人们也欣喜若狂，茶叶量少了，就更容易让他们这些资金充沛的商家占领原材料市场，而垄断的结果必然是高额的利润。洋行茶商早早地就开始散布高价收购茶叶的消息，在他们看来，春天一过，他们就将垄断整个徽州的茶叶市场，大发财的机会很快就要来了。茶市准时在清明后开张，买办们所期待的门庭若市景象并没有出现在自家门口，反倒是吴荣寿的“吴怡和”茶庄里，人头攒动，毛茶从无到有到堆积如山。洋商们很是震惊也很是纳闷，他们并不知晓“吴怡和”推出的新举措，也不了解茶农们的深层次需要。当他们以为应该是吴荣寿开得价格更高时，却发现茶农们并没有从吴荣寿的柜台里拿到一文钱的铜板。这究竟是怎么一回事？待洋商们了解事情的前后因果后，不得不对吴荣寿的智慧和才干竖起了大拇指。

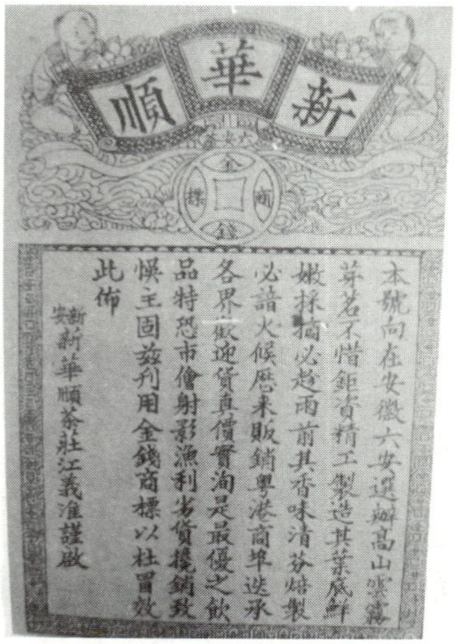

新华顺茶票

第一次世界大战期间，国际商贸受到极大影响，尤其是国际海运非常困难，洋庄茶商大都裹足不前。到民国七年(1918)春，第一次世界大战已近尾声；到秋天，国际海运转为畅通，国外茶商纷纷来华运销茶叶，去占领几近告罄的茶叶市场。“屯绿”外销大有起色，价格大幅攀升，特珍、抽芯珍眉等售价达到每担三百多两银子。这一年，有着充沛的原料、资金和技术的“吴怡和”，占据重大的市场份额，获纯利十余万银两。

吴荣寿既做箱茶运销，又做箱茶经纪。“屯绿”各花色品种的外包装皆用木箱，故又称“箱茶”。吴荣寿遂在屯溪阳湖开设了经纪箱茶的

“吴美利茶行”。洋庄加工的箱茶要销售给茶行或经茶行中介，才转售给上海的茶栈，最后由茶栈与外商达成交易。茶行既代洋庄联系售茶，又代上海茶栈向洋庄发放茶银(即贷款或定金)。吴荣寿身兼洋庄与茶行两职，因此兴旺发达也就必然了。

但好运不长久，民国十六年(1927)，吴荣寿收购加工“屯绿”二万余担，遭遇茶叶市场价格暴跌，当年损失十余万银两。民国十八年(1929)，遭朱老五火烧屯溪，吴荣寿的厂房设备损失惨重。此后，又遭遇第二次世界大战，国际茶叶贸易形势日衰一日，吴荣寿也终于未能挽回败落的局面。

热心公益的精神

不过，吴荣寿在徽州茶叶界的声望是不能否定的。民国元年(1912)，徽州六邑茶商组织徽州茶务总会，就公推吴荣寿为首任总理，并且连任达二十年。他在任中，和同业们制定了《徽州茶务总会章程》，以维持茶务、力图发展为宗旨；对于苛派勒索茶商、损害茶商利益的一切事件，有起诉争拒之权力；对于关乎茶务总会宗旨之事件，有负责维持、整顿、推广、发扬之义务。这个章程对维护和促进徽州茶叶事业都发挥了重大作用。

吴荣寿热心公益事业的精神和事迹也是不能忘记的。他一生乐善好施，对于助赈救灾、助学施教、建桥修路等利众利民的事情，都慷慨争先，唯恐人后。清宣统二年(1910)，他为首创办了徽州乙种农业学堂，施教茶叶、蚕桑等农艺，是徽州职业教育的先行者之一。民国三年(1914)，歙县南乡大旱，他施捐五千银元，买大米送到灾区平粜给民众。他曾独力造石桥四座，修筑休宁和昌溪石板路二条，修建吴氏宗祠、支祠多处。他曾与洪朗霄、孙烈五等组织屯溪公济局，进行施医、施药、施棺、抚育弃婴等善事。他曾组织屯溪救火会，独资购置水龙器具用于灭火。他为首创办崇文学堂，亲任校长，劝募常年的经费。他在弥留之际，还捐地十亩作为屯溪公园建筑用地。

民国二十三年(1934)，一代著名的洋庄茶商吴荣寿因病与世长辞，在徽州茶史上留下了浓墨重彩的一页。

红顶商人胡雪岩

在清代的徽商中，有一位传奇式的人物，他做过钱庄的“跑街”，自己开过米行，协助过中国清代鼎鼎大名的左宗棠办“洋务”、开发大西北，还做过金融业、典当业、丝业、医药业等，更为传奇的是他得到了清政府赏赐的“红顶子”，成了亦官亦商的响当当的人物。他就是本文要介绍的红顶商人胡雪岩。“雪岩”并不是他的名字，他的名叫“光墉”，“雪岩”是他的字。中国旧时，名为讳，一般不让人直呼的，故而以字行世，让人称呼之，于是本名倒被字掩盖了。

胡雪岩像

从跑街做起

胡雪岩于嘉庆十九年(1814)出生在徽州府绩溪县十都湖里村。湖里之胡也是明经胡,从始祖胡昌翼推算,属第三十三世孙。明代嘉靖年间,二十五世祖胡尚志为进士,其后人建“进士第”,以尚志公为支派一世祖,立堂号“光启堂”。尚志公七世孙胡增元,字廷一,即胡雪岩的祖父。其续妻生子胡洪钺,字文耀,又字鹿泉,号左黄,又号芝田,便是胡雪岩的父亲。胡洪钺生有四子,即光鉴、光培、光桂、光墉,光墉即胡雪岩,在胡氏四兄弟中居小。徽州绩溪就是胡雪岩的老家,胡家在浙江杭州经商,那里遂有另一个家。胡雪岩和大哥光鉴居杭州,二哥光培早夭,留三哥光桂在老家继守祖业。

胡雪岩小名叫“顺官”,“官”在绩溪土语中与“乖”同音,足见小雪岩是既“顺”又“乖”,“乖乖男”。事实也的确如此,胡雪岩从小就聪明

好学，在父亲的教导下念了《千字文》、《百家姓》等，且学得非常快。然而人有旦夕祸福，胡雪岩的父亲胡洪钺积劳成疾，在胡雪岩十岁时就去世了，家庭生活也就艰难起来，少年的胡雪岩也便无暇攻读诗书，成了帮人的放牛娃。据传，胡雪岩十三岁时，一天放牛，经过路亭，见亭的木凳上有一个蓝布包袱，他提了一下，沉甸甸的，解开一看，除衣袜外，还有一包白银。他知是哪个粗心的路人丢下的，便把包袱藏好，将牛系在近处吃草，自己注意来往客人，等候失主。直到太阳西斜，才见一人匆匆赶来，形色惊惶，满头大汗，走进路亭，即东瞧西瞅。胡雪岩知道失主到了，便询问起来。那人如实讲出，胡雪岩即从草丛中取出包袱双手奉还。那人见胡雪岩是个诚实伶俐的好小倌，遂向其母提议把他带到杭州学生意。

于是，胡雪岩放牛时间并不长，不久就在他人的引介下，到杭州于姓“阜康钱庄”当学徒。学徒的日子是苦的，徽州民间流行“学徒苦，学徒愁。头上带‘栗包’，背脊驮拳头”的儿歌，这“栗包”就是挨打后留下的肿块，“驮拳头”就是挨拳头。胡雪岩也不例外，从最小最杂的事情做起。但他没有怨天尤人，也没有自怨自艾，他选择了坦然承受岁月的磨炼。功夫不负有心人，胡雪岩终得到老板的认可，三年后，竟一跃成了“跑街”的了。他脱掉了学徒的外衣，罩上了“跑街”的衣衫。

何谓“跑街”呢？钱庄里“跑街”就是做一些出外讨账之类的事宜，因此“跑街”的差事也不好做。但胡雪岩非常认真地去做，去学，诚恳的态度加本身的天赋，在经受了一段岁月后，他的心智更加成熟强大，自然也为他以后成为一代巨贾打下了基础。后来因为钱庄东家无后，临终前以钱庄赠送给胡雪岩，他便自开了“阜康钱庄”，按现在的话说，叫挖到了第一桶金。

巧遇王有龄

胡雪岩在经历了艰难的童年和少年后，逐渐迈向成熟。他的才华也在这些岁月中磨砺而升华。

俗语有说，“无巧不成书”，很多事情成功或是失败，往往就在于一个“巧”字上。胡雪岩和王有龄的相遇，就算巧。那天，胡雪岩在梅花碑一家茶楼喝茶，遇见了王有龄。或许巧就巧在胡雪岩有一双慧眼，只觉得眼前此人非凡夫俗子。胡雪岩的第六感觉果然没有错，此人即是落魄书生王有龄，且是位“候补浙江盐大使”，因囊中羞涩，无法北上“投供加捐”，只能空留声叹息。胡雪岩遇到王有龄，却倍觉投缘，听他一番话语，就把刚收账得来的五百两银票交给了王有龄，作为其“北上”之资，并同王结拜为兄弟。在胡雪岩的资助下，王有龄捐官补实，在杭州海运局当上了粮台坐办，此后又升为湖州知府、浙江巡抚。身在官场的王有龄自然给开钱庄的胡雪岩投桃报李，先是让胡雪岩到海运局协助筹办漕粮，而后将收来的税银存入阜康钱庄，还让胡雪岩代理湖州公库，胡雪岩即在湖州开丝行，利用公库之款动员百姓栽桑养蚕，他就地收购湖丝，运往上海、杭州等地出售，获得大量银钱。后来，凡浙江的粮饷军火，都由胡雪岩经办，而官军的饷银也一律通过阜康钱庄汇兑，于是胡雪岩很快一跃成为杭州富贾。

协助左宗棠

胡雪岩巧遇王有龄，为其一生的商业夯下了坚实的基础；而与胡雪岩的商贾事业紧密相关的另一位政界人物就是左宗棠。

左宗棠像

咸丰十一年(1861)十一月,太平军第四次攻占杭州城。此前,王有龄曾托胡雪岩帮忙从上海购军火、粮饷等,当胡雪岩由海道入钱塘江时,却因太平军重重围困而不能进入杭州城。此时,王有龄却在太平军兵临城下的形势中自缢身亡了,清廷遂派左宗棠接任浙江巡抚。无奈之下,胡雪岩灵机一动,便设法通过浙江布政使蒋益澧等人,将钱粮等献给了新任浙江巡抚左宗棠,于是迅速取得左宗棠的赏识和信任。左宗棠当即给胡雪岩委以浙江粮台总管,主持杭州解围后的善后事宜及全省钱粮、军饷。胡雪岩的阜康钱庄的生意便大为获利。胡雪岩还轻而易举地利用左宗棠赋予的权力,来使自己其他生意都因此获利。所以左宗棠成为胡雪岩后来事业发展最重要的支柱。同治二年(1863)五月,左宗棠擢为闽浙总督,仍兼浙江巡抚,继续提携胡雪岩,让胡雪岩由江西候补道奏改为福建候补道,在自己辖下效力。三年后,左宗棠调任陕甘总督,奉命西征,胡雪岩则为左宗棠主持上海采运局事务,代替左多次向洋人借款,以订购军火和筹供军饷,累计金额达一千八百余万两。

胡雪岩凭借左宗棠的支持和主持上海采运局事务之职,频繁活动于军事、政务、金融各界,亦商亦官,不断扩充着自己的经济势力。他以杭州为起点,以上海为中心,财路日渐扩大,并在苏州、镇江、宁波、福州、汉口、北京、天津等地遍设阜康分号,用钱庄来吸引官僚钱款,形成雄厚的资金优势。一时间,京城内外达官贵人无不以阜康钱庄为外库，寄存无数。胡雪岩便以此为后盾，从事各种贸易活动，在一些市镇设立商号，并活跃于对外贸易市场，还凭借天时地利人和，以财丰货足操纵江浙商业市场，垄断金融。至同治十一年(1872)，阜康分号达二十多处，遍及大江南北，聚集资金二千万两，积田地万亩，资产相当于1880年前后清政府财政收入的一半，可谓“富可敌国”，时人称之为“活财神”。

清朝后期，朝廷为应对内忧外患的局面，以李鸿章、曾国藩和左宗棠为代表的洋务派官员，主张学习西方先进的科技、文化、军事等等，“师夷长技以制夷”，即以西方先进的技术来对付西方。这场以“自强”和“求富”为口号的洋务运动，在19世纪60年代至90年代开展起来。左宗棠极其倚重胡雪岩，给他委以重任。胡雪岩协助左宗棠，专办“洋务”，成为“近代洋务运动的先驱者之一”。

同治五年(1866)，左宗棠听从胡雪岩的建议，向清政府提出，海防巩固，必须有得力的水师，而得力的水师，必须要有能监造大轮船的局务。清政府同意了。于是左宗棠在胡雪岩的协助下创办了福州船政局，在马尾兴办船厂。左宗棠委任胡雪岩和外商德克碑、日意格制定《船政事宜十条》，将福州船政局的大小事都交由胡雪岩负责。左宗棠在给朝廷的奏折中曾写道：“一切工料及延洋匠、雇华工、开艺局，责成胡光墉一手经理。缘胡光墉才长心细，熟谙洋务，为船局断不可少之人，且为洋人所素信也。”这表明了胡雪岩在左宗棠办洋务中的重要作用。同治八年(1869)，第一艘木壳轮船诞生，此后便一发不可收拾，到同治十三年(1874)，共建成十五艘轮船。1874年日本入侵台湾和中法战争时期，福州船政局制造的战舰就投入到海战之中，成了中国海军的主要装备。因此，福州船政局是中国近代最重要的军舰生产基地，李鸿章赞其为“开山之祖”。

当左宗棠改任陕甘总督后，胡雪岩又积极协助左宗棠引进西方技术开发大西北，创建“甘肃兰州织呢总局”，帮助引进德国机器、雇用德国技师，光绪六年(1880)8 月 12 日，兰州织呢总局开工生产，标志着中国民族工业在大西北有了起步。光绪三年(1877)西北发生大旱，为了缓解旱情，左宗棠采取“以工代赈”之法开挖甘肃东部平凉县的泾河，又派胡雪岩负责去采购国外的机器，并请技师做现场指导。到光绪六年(1880)，一条长两百里渠道便开挖成功。光绪五年(1879)，左宗棠筹备聘用德国技师开采肃州城外的文殊山金矿，胡雪岩捐资为左宗棠购买了开采金矿所用的机器。左宗棠要发展新疆的农业生产，胡雪岩就为之引进桑蚕，并从浙江聘请养蚕技师教新疆农民栽桑养蚕，进行实地指导。在胡雪岩的积极协助下，左宗棠进行了大面积的西部农业开垦，加强了屯边，稳固了国防。

同治四年(1865)，中亚的浩罕国将领阿古柏趁新疆发生反清起义的时候率兵侵占了新疆。英俄两国都想通过阿古柏政权把新疆从中国分裂出去，而俄军乘机占领了伊犁，西北边疆出现了严重的民族危机。当时，面对危机，清政府内部意见不一，以左宗棠为代表极力主战。慈禧太后即命令左宗棠出兵平叛。左宗棠则又将筹措西征的粮饷军需之事交给胡雪岩办理。胡雪岩积极支持左宗棠，以自己的钱庄做担保，向外国银行贷了一笔巨款，购买西方先进武器弹药，装备了左宗棠的军队，又为西征军提供自家“胡庆余堂”研制的“诸葛行军散”、“胡氏避瘟丹”等等，帮助左宗棠平定了阿古柏叛乱，收复了新疆。光绪六年(1880)，又迫使沙俄归还伊犁，英国和俄国妄图瓜分新疆的企图也破灭了。

胡雪岩与左宗棠

当然,左宗棠也没有忘记胡雪岩协助自己所立下的功劳,多次保举和推荐胡雪岩,使他得到许多政治回报,先是被朝廷陆续赏加江西候补道、福建候补道、盐运使、布政使、按察使,后又获赏浙江、江苏、江西、福建四省税收代理大权。光绪四年(1878),左宗棠会同陕西巡抚谭钟麟联衔上奏,请求破格奖叙胡雪岩。慈禧太后即赏赐胡雪岩二品红顶戴、穿黄马褂。胡雪岩就成了既戴红顶子又穿黄马褂的"红顶商人"。

仁义庆余堂

"北有同仁堂,南有庆余堂",这在中国是响当当的两块药堂招牌。同仁堂在北京,庆余堂在杭州。在杭州的"胡庆余堂"就是胡雪岩怀着一颗悬壶济世之心开设的。胡雪岩介入国药业也很早，但起初，他开药厂不是为了赚钱，而是将研制的胡氏避瘟丹、八宝红丹等药品无偿赠给左宗棠、曾国藩的军营，以疗治士兵。后来，胡雪岩觉得开药店是最稳妥的生意，既可行善扬名，又可给子孙留一点不败的基业，遂于同治十四年(1874)，在杭州吴山脚下创建了“胡庆余堂国药号”。光绪二年(1876)，他又在杭州涌金门外购地十亩建成胶厂。自此，胡雪岩从金融走上了实业之路。

坐落在杭州市的胡庆余堂

胡雪岩经商，颇有谋略。他虽然不熟悉药业，但深知为药店选择经理人很重要，遂在上海《申报》等报刊上刊登招聘经理的广告。果然，不久即有人前来应聘。先是来了一位衣冠楚楚的中年人，见到胡雪岩后，即掏出一把算盘，很流利打了一通，说自己精于算计，当经理可保证两年内赚银子十万两。然而胡雪岩一听，一笑谢绝了。过几天，来了一位应聘者，他是位小店老板，谈了自己以稳求胜，从赚小钱开始再赚大钱的经营经验。胡雪岩笑笑说:“我不是小本经营。”后来,有人偶然向胡雪岩提起,松江“余天成药号”经理兼股东余修初有能力,只因资金所限,未能使药号做大。胡雪岩很有兴趣,立即亲去松江登门求教。那余修初如数家珍道:“要办大药业,首先必须以大资金投入,创办药厂、药号、药行和门市一条龙;其次,办药业者,须以‘仁术’为先,不应为蝇头小利而斤斤计较,如此,上天才会给予回报,否则不如去多开几家当铺、钱庄”。这番话正合胡雪岩的心意,当即以重金聘余修初为胡庆余堂第一任经理。自然,在余经理的精心打理下,胡庆余堂很快就火了起来。

胡庆余堂内悬挂的“真不二价”匾

胡雪岩聘到好经理后,即从三个方面来办好“胡庆余堂”。一是精心制药,以宋代皇家药典《太平惠民和济药局方》为基础,收集各种古方、验方和秘方,继承祖传验方和传统制药技术,结合临床经验,精心调制选配出丸、散、膏、丹、胶、露、油、药酒等四百余种,重金聘请浙江名医、药工,精制成药,以便于携带和服用,还著有《胡庆余堂雪记丸散全集》传世。二是以仁义为经营之道，经常告诫药堂上下一干人等，“药业关系性命，尤为万不可欺”，亲笔书写“戒欺”、“是乃仁术”、“真不二价”的匾额悬于堂内。他秉承以仁立业的理念，治病救人的规矩，雇人穿“胡庆余堂”字号马甲，伫立杭州城水陆码头、街巷，施药治病。那些亲受其惠、见证其事的人，便争相传诵。同时免费送老百姓一些家庭常备药，三年中，所送药品值白银十余万两。如此声誉即很快提高，短短数年，就获利丰厚，可与北京“同仁堂”药号齐名。三是“采办务真，修制务精”。胡雪岩对配药选料尤为严格，缺味宁可不制，也不凑合欺世。为制作急救药品“紫雪丹”，他曾不惜耗金一百三十三克、白银一千八百三十五克，特地锻制银锅金铲作为制作工具。他们所用原药材，皆直接到产地选购，既避免中间环节，确保材料质量，又节省药材成本。所产“大补全鹿丸”需用梅花鹿身上三十多种珍贵药材，于是辟设鹿园，专养东北梅花鹿，在众目睽睽之下宰杀，以示取材之真。如此，胡庆余堂成功推出了十全大补丸、人参再造丸、神香苏合丹、琥珀多寐丸、安宫牛黄丸、六味地黄丸等一大批名牌药品。

胡雪岩对胡庆余堂的门面设计颇具匠心。其整个建筑似一只栖息在吴山脚下的仙鹤，门庭酷似鹤首，长廊似仙鹤长长的颈项。店内设计也采取吸引顾客的方式。胡雪岩很重视管理工作，他将雇员分为三个等级，第一等是重金聘请的经理、总账房、协理等，称为“先生”。第二等是店内各种工序的负责人，称为“师傅”，待遇从优。第三等则是一些从事简单性劳动的人，称为“帮工”，计件付酬。胡雪岩还采取奖励之法，成就最大最优的雇员可获得“功劳股”，且享受终生。他还给雇员设“阳奉”和“阴奉”，类似现今的养老金和抚恤金，不仅给雇员有现实生活的保障，还解决了雇员的后顾之忧。如此。自然能激励雇员发挥最大的能力去为老板工作。

济贫解危难

徽商“贾而好儒”，他们以儒道为经营道德之本，所以在行商过程中，不忘回报社会，回馈于民，做出种种善行义举。胡雪岩作为千万徽商中的一位，也秉性好善，极重义气，多有善举义行，如在经营药号中的种种惠及于民的行动，又如为军营捐献的各种丹丸散药等等皆是。不过，胡雪岩的善举义行远不止这些。

胡雪岩曾资助过“杨乃武与小白菜”冤案的申诉

同治元年(1862)，左宗棠从太平军手中攻下杭州，杭州的生产和建设亟待进行。胡雪岩被委任经理赈抚局事务，处理杭州战后的善后事宜。他积极设粥厂、善堂，埋葬数十万具曝尸，修复名寺古刹，设置难民营收容难民等，凡事无不周到。之后，胡雪岩又想方设法筹借了十万两白银和十万石白米，周济百姓和军队。他还捐出白银十万两设立钱塘江义渡，恢复因战争而荒废的牛车。这些便民、利民措施使杭州城的百姓受益达百年之久。

胡雪岩周困、济贫、解厄的事儿，还可用以下数字来体现：同治十年(1871)，直隶省闹水灾，胡雪岩捐棉衣一万五千件，价值一万两的牛具、种子，又续捐天津制钱一万吊；光绪三年(1877)，陕西干旱，胡雪岩拿出白银五万两捐给陕西赈灾；还有捐输江苏沭阳赈务制钱三万串，捐输山东赈银二万两、白米三千石、制钱三千一百串、棉衣三万件，捐输山西、河南赈银一万五千两等等。据左宗棠估算，胡雪岩在19世纪70年代的个人捐款可达二十万两白银。这一系列的数据，足可说明胡雪岩是“雪中送炭”之人。

胡雪岩还为轰动一时的同治、光绪年间的余杭杨乃武与小白菜这一冤案伸出过援手。杨乃武的姐姐杨菊贞一直为弟弟的冤案奔走四方，洗刷冤情，但她的家境实在太贫寒，拿不出上京告御状的路费，胡雪岩给了杨菊贞白银二百两，又为打通关节，求助于翰林院编修夏同善，找同僚进言，帮助杨家洗刷冤情。夏同善也鼎力相助，与大学士兼户部尚书、都察院都御史翁同龢和刑部浙江司郎中林拱枢等共同努力，终使杨乃武一案由慈禧、慈安两宫太后下旨重审，最终被审理清楚，还杨乃武等人一个清白。

胡雪岩的善举义行还表现在对文物的重视方面。同治、光绪年间，胡雪岩两次赴日本，购得流落海外的古铜钟五十多口，带回祖国，其爱国之心可圈可点。故而左宗棠称他是“商贾中奇男子”、具有“豪侠之概”，赞他“急公好义，实心实力”，其功劳“迥非寻常办理赈抚劳绩可比”。曾国藩也赞扬胡雪岩的爱国义举并不比自己差。

盛衰无常

潮涨潮落，花开花谢，盛衰无常。盛极一时的红顶商人胡雪岩也挣脱不了衰败的命运。

胡雪岩经商失手主要在经营丝业上。胡雪岩经商的摊子铺得太大，不仅在钱庄和药业上苦心经营，而且在茶业、丝业等行业中也施展手脚。光绪八年(1882)，胡雪岩耗银二千万两，在上海开办蚕丝厂。当时，江浙之丝茧，一直是向外出口的大宗生意，因华商各自为战，结果让外商掌控了生丝定价权，把持了产销市场。国内许多商人无能力与外商竞争。胡雪岩却不满洋人对中国蚕农的盘剥，竟以一己之力，囤积丝茧，想坐庄垄断丝业贸易，高价收购新丝数百万担，与外商进行一场无声的较量。这就惹怒了外商。次年夏，意大利的生丝奇迹般的“丰收”，“祸不单行”的是，中法战争又在此时爆发，市场对这些突发的因素抵挡不及，金融市面产生巨变，危机随之爆发出来。而左宗棠西征的军需皆从胡雪岩的钱庄周转，胡雪岩被弄得疲惫不堪，于是收购的厂丝被迫贱卖，亏耗一千万两，家资去掉一半，面临破产的危机。更有甚者是，各地官僚闻风竞相向胡雪岩的钱庄提取存款，钱庄出现纷纷挤兑的局面。光绪十一年(1885)十一月，胡雪岩的阜康总号及分号钱庄倒闭，家产变卖抵债。这样的局面胡雪岩已经无法控制，等待他的只有宣告破产了。破产后的胡雪岩又沦落为“钦犯”。胡雪岩被抄家，价值数百万的胡庆余堂落入债权人刑部尚书文煜手中。

光绪十一年(1885)十一月，胡雪岩带着经商失败的郁郁之心，带着对世间的最后一点眷念，驾鹤西去了。胡雪岩的一生已经烟消云散，但他的经营智慧和经营道德，是留给后人的巨大的精神财富，他为商的一生，也是为中国作贡献的一生，这些贡献贯穿在他经商的每一步中。他在自己生命的最后的一刻，肯定没有后悔毕生做了一位商人。

杭州胡雪岩故居

豪士义商程霖生

程霖生出生于1885年，也是清朝光绪十一年。此时的徽商已经走过了明代中叶至清代中期的黄金时段，开始走下坡路了，但这并不影响徽商中大商人的出现。比如说程霖生就是这一时期的一位大徽商。他和大教育家陶行知是安徽歙县的同乡，他因房地产业称雄上海滩而被称为“中国哈同”。虽说程霖生是徽商处在衰落期间的一线光明，但也只是徽商的落日余晖。不过，程霖生仍在人生历程上呈现出一位豪士义商的气概。

诚实得好报

清朝同治年间，安徽歙县西乡冯塘村的一户农家，又演出在徽州司空见惯的一幕：前世不修，生在徽州，十三四岁，往外一丢。一个脸上长有雀斑的小后生，拜别父母亲人，背起包袱雨伞，踏上了谋生之路，他的目的地是东方大都市上海。他就是程霖生的父亲程德成，字谨轩，外号程麻皮。到了上海，程德成进了绩溪人开的汪裕泰茶叶店学厨艺。他虽然长相不雅，为人却非常机灵，脑袋瓜活络，又诚实忠厚，做事干练，很快就学得一手好厨艺，尤其是徽菜烧得绝不亚于绩溪老馆，因此在上海滩的繁华都市里有了谋生的本领。

在上海谋得生存的程德成，某日，去茶叶店附近的厕所小解，无意之中捡到一个神秘的皮包。他打开一看，顿即傻眼了，皮包内竟装有数以万计的现钞和汇票，用现今时髦的话来说，就是天上掉馅饼打中了程德成的头。但他是一个诚实的小伙子，没有将这个天赐的“馅饼”揣在兜里立即走掉，相反，他捧着这鼓鼓囊囊的皮包站在厕所边等待失主。他等了一个多时辰，失主终于来了。他是一位德国人，是上海“礼和洋行”的经理。程德成问明情况后，二话不说，即把皮包完璧归赵。德国洋行经理感动得什么话都没有说，只是从皮包里拿出厚厚的一匝钞票塞到程德成手中。然而程德成对于这位经理的重金酬谢，态度是异常决绝的——“坚辞不受”。此时，这位洋行经理更觉得眼前的中国小伙子品德的高尚，心中在感激之上又顿生敬佩，询问后知道程德成是位厨师，于是立即邀求他到礼和洋行做厨师。凭手艺吃饭，心安理得，程德成接受了邀请，随德国经理进了洋行，有了一份很好的工作。这是他为人诚实得到的好报。

上海洋行

程德成在洋行踏实工作，态度认真而又严谨。洋行经理更是信任，视之为知己。后来洋行经理等外国人奉命回国，把礼和洋行交给程德成看管，承诺他日回来，将礼和洋行的财产与之对半分。程德成又一次坚辞不受。洋行经理对他的品行更敬佩而感激。于是诚实得到了更大的好报，通中国国情的洋行经理，对徽州人把做房子、生儿子当作人生两件大事的风俗也有所了解，就在当时的上海郊区（跑马厅一带）买下了一大片荒地赠与了程德成。程德成觉得再不接受就显得虚伪了，于是收下了这片荒地。程德成也是极善经营的人，有着徽商的秉性。此后上海逐渐扩大开发，程德成就利用手上的土地资源，又借助于洋行的势力，很快发了大财。当时在上海的说法是，程德成的房地产经营拥有“二条龙”：一条“龙”是从河南路的抛球场至西藏路，另一条“龙”是从新世界至卡德路即今石门二路一带。程德成拥有的房地产，达到“价值千万银两”，成为上海房地产业举足轻重的人物。

程霖生是程德成的儿子。程霖生后来的成功自然首先是背后站着一位成功的父亲。而程德成的最成功之处，不仅是给儿子留下了极为丰厚的遗产，而且是以己身为榜样向程霖生塑造了一位成功者的形象，以及走向成功所要具备的一些基本要素，如诚实而又讲究策略等等。程霖生正是在父亲营造的家庭环境中成长，耳濡目染着父亲的为人之道及行事风格，为今后的人生投下了一注潜力股。

继业亦艰辛

程霖生（1885—1943），又名源铨，字龄孙。他接手父亲的房地产业时，正值民国之初上海市快速发展建设之时，商埠如雨后春笋般涌现，市面更加繁荣，地皮价格暴涨。这对于没有地皮而又想拥有地皮的人来说，自然是个问题。但对于继承了父亲大批地皮遗产的程霖生来说也是个“问题”，就是如何更好地利用这些地皮来生钱再生钱。当时的房地产业几乎被外商垄断，富有商业头脑而又意志果敢的程霖生，不顾外界干扰，大胆地投资修路，用自己的土地，又新开辟了两条“龙”：一条是石门一路，一条是霞飞路，并在两条路边开发房地产，很快建成了商业和住宅区，仅在宝兴里、宝裕里就建有住房一千余栋，然后将大量的房屋租出去，据说每天收入的房租要用畚箕畚，全是银元宝。总资产达到六千万银两。所以背后人们称他为“上海的第八大象”、“地皮大王”、“中国哈同”（外国在上海的大地产商），“上海最富有的华人之一”。

手头有了富足资金的程霖生，开始在大上海投资兴办实业。他开设了永大金号、衡吉钱庄、新新公司、根泰和合粉厂。新新公司成了当时上海四大公司之一；根泰和合粉厂是专为抵制日货而建，生产佛手牌味精，据说今上海天厨味精厂的前身即是根泰和合粉厂。他还和龚子渔等筹备组建“上海惠源商业银行”，并于 1928 年 10 月 11 日开业。20 世纪 30 年代初期，广东商人蔡昌来到了上海开一家百货公司，即同有上海“地皮大王”之称的程霖生协商。程霖生很爽快地以南京东路和西藏中路口的地段作为土地投资，成了这个百货公司的大股东，可见程霖生有着不一般的经济头脑。

这些还不够，程霖生在晚年竟喜爱上了黄金买卖，即爱上了“炒黄金”。他以他的资产富有和恃“财”傲物的富家子弟习性，妄想操纵上海黄金市场，大胆冒险，甚至将地产抵押给银行，以换取现钞炒黄金，结果遭受惨重损失，几近倾家荡产。失败的原因，一方面是假手他人经营，不料被他人侵盗；因财大气粗而树大招风，被众商所妒忌而落井下石；而最主要的是受到孔祥熙、宋子文两家官僚资本的倾轧。加上当时全球经济正处于大萧条时期，他的房地产因世界经济的萧条而大受影响，外商一度停止了房地产的抵押借款等生意，上海的房地产价格便“一落千丈”，房产无法出售，资金就如同一块冻结的冰，无法周转，这也使得他的银行、钱庄受到影响。到此时，程霖生不得不以变卖家藏古玩来度日。

痴癖收藏家

程霖生颇有文学根底，通英文，癖好古铜器和古书画收藏，亦属风雅之士。他给自己的藏室取名“遂吾庐”，请刻手刻有“程氏遂吾庐藏印”，足见其收藏乃是遂心所愿之举。他特别钟爱画家石涛的作品，并用十年时光辑成《石涛题画录》五卷，还专用一厅收藏石涛画作。因缺一张石涛的镇厅之宝，遂在书画古玩市场苦苦寻觅。著名画家张大千得知此消息，就临摹了此幅石涛的作品，又同一位书画商设局，让那位商人向程霖生推荐，开价五千大洋，程不太相信是真迹，就请张大千给以鉴定。张大千故作姿态地鉴定一番，说此画是赝品。程霖生庆幸自己没有上当。谁知，时隔不久，那画商又来告诉那石涛的画被张大千以五千大洋买走了，说张仔细斟酌后认为确是真品。程霖生这才傻了眼，决意以两倍的价钱再从张大千手中买回。张大千自是爽快地让出。此故事一来表明张大千临摹的功力有以假乱真之效，二来表明程霖生对石涛作品真是一往情深。

程霖生还刻意搜罗八大山人、雪庄及新安诸家的作品，而且所得颇多精品。如石涛《十八阿罗应真图卷》、《百美图卷》，渐江《晓江风便图》，郑旼《拜柳亭图》，程邃《幽居图卷》、《秋山图卷》，雪庄《云舫图》等。他还收藏有古彝器一百五十余件，如王孙遗钟、虢叔大林钟等，皆为流传有绪的珍稀宝物，曾刻印《新安程氏收藏古金铜器影印册》行世，颇受国内外专家重视。程霖生还请同乡鉴赏家罗长铭为其收藏的历代古玩字画作考释，形成了《程氏德润堂藏器》、《程氏藏器尺寸》、《遂吾庐藏钟考释稿》等二十余册资料，对研究考古学、文物学都有重大参考作用。1925 年 3 月，程霖生又委托上海三星影片公司，将自己收藏的名人字画拍成电影，花了四个月时间，用去四万英尺胶片，剪成四十个样本，送往巴拿马展览会参展，既记录了自己的收藏成果，又让国际上的人们得到鉴赏。

程霖生的爱好收藏，从文化的角度说，是一种文化交流与传承的过程，对保存和保护文化也是莫大的贡献。

渐江山水画

侠肝义胆事

程霖生是徽商的一份子，秉承着徽商侠肝义胆、乐善好施的优良传统。他也无意于政治，但他豪爽大方，敢于见义勇为，给予许多进步活动和进步人士以资金支持和生存保护。1927 年四一二政变后，陈独秀之子、优秀的共产党员陈延年在上海被捕，关押在淞沪警备司令部监狱。淞沪警备司令部司令杨虎是安徽宁国县人，杨虎在未发迹前曾得到陈独秀的提携。当时陈独秀的好友、歙县人江彤侯赋闲在沪，就约了同学、亚东图书馆馆长、绩溪人汪孟邹去见杨虎，试想以陈的知遇之恩加同乡之谊，请求释放陈延年。谁知杨虎开口索价五万银元。两个书生哪来这许多钱，江、汪立即想到同乡程霖生，即到程家筹款。程霖生闻知，当即豪爽地拿出款项给他们送去。不料杨虎不守信用，收下钱后，不是放人，而是执行蒋介石的密令，将陈延年杀害于龙华。抗日名将朱庆澜及好友朱子桥是程霖生家的常客，还一度居住在程霖生静安寺的公馆里。朱庆澜发起抗日募捐活动，程霖生给以相助；后来通过朱子桥，程霖生又给东北抗日联军以物资和经费支持。共产党人柯庆施，是程霖生的同乡人，在那白色恐怖之时，也曾得到程霖生的保护。

程霖生对陶行知的教育思想和教育事业很是赞成，因而给予很大的支持和资助。陶行知创办南京晓庄师范、淮安新安小学、歙县王充工学团等，都有程霖生给予的资金和物资支持。特别是在创办南京晓庄师范时，程霖生捐款一万三千元，是个人捐款中最多的一位，而且比许多机构还要多。陶行知先生在《对于乡村教育及本校赞助人之总致谢》一文中说，全国乡村教育运动开始进行之时，恰是东南战事的紧要关头，“中华改进社原有事业之经费来源，至此几乎完全断绝，四处凑合起来，可以为新事业发动之用的不满一千元”，就在这种情况下，“壮我们的胆子，继续作本校雄厚的后盾的便是程霖生先生”。可见程霖生对“晓庄师范学校”做出的贡献不仅仅是捐钱的数目，更重要的是对教育支持的坚定的态度。正是有了程霖生这样坚实的后盾，“晓庄师范学校”才可以顺利地进行教育孩子的任务。但天有不测风云，1930

年4月12日，“南京晓庄师范学校竟然被国民党武装军警强行封闭”，而陶行知也被国民党政府通缉。无奈之下，陶行知最终“东渡日本”，后来在1931年又潜回上海，就隐居在了程霖生的家中。程霖生作为一个商人，对陶行知是说不出的尊敬，同时也是对教育和知识的敬重。在程霖生家里，陶行知不需要为自身的安全及其生活费用担心，于是听取了方与严的建议，在隐居中整理诗稿《知行诗歌集》；在程霖生的哈德路公馆举办读书会，宣传平民教育和民主革命等等。程霖生还出任歙县旅沪同乡普及歙县教育助成会主任。

晓庄师范

程霖生的侠肝义胆还表现在凡是能够帮助的，他都义不容辞。1931年3月，安徽丛书编审会在上海成立，江彤侯为主任，程霖生也乐于担任常务委员之一。而江彤侯也曾接受过程霖生长期帮助，远在1913年，江彤侯参加了讨伐袁世凯的“二次革命”，失败后在上海“潜居”，就寄居在程霖生家里，生活之资大都由程霖生负担。

耿耿游子心

家乡对于每一个在外的游子都有着特殊的意义，它是每一个游子心灵栖息的港湾。程霖生对于家乡也有一片耿耿之心。他对家乡歙县乃至安徽省的关注都是极为密切的，长期担任歙县旅沪同乡会主席，对于乡邦公益事业的贡献尤为巨大。徽杭公路建成之初，程霖生独资栽植公路两旁树木，福荫徽州父老乡亲。民国《歙县志》纂修与刊印中，程霖生承担了大部分资费。民国三年(1914)，程霖生投资开采铜陵铁矿，请美国人柯耳来山勘察。还曾任蚌埠商务督办，投入巨资用于蚌埠商埠开发和市政建设。他捐赠了发电机协助创办屯溪电灯公司。他的父亲投资修筑余杭公路，独资修复渔梁坝、凤凰桥。每年夏季，他从上海运送大批“申公济众水”来歙县，分赠乡人治病。他每年以两万银元义款资助家乡治病济困，还施以衣服和粮食，等等。在《歙县志》上，还清晰地记载着“1921 年 12 月，程霖生购进十二匹马力柴油机和七千瓦发电机，运至岩寺发电照明”。

程霖生作为一位大徽商，他的资本最初源于诚实所得的善报，而后依仗智慧和才能得到发展。他乐善好施，用这些钱为国家、为教育、为人民做出了力所能及的贡献。因此，他不仅是一位商人，而且是一位慈善家，是一位具有豪侠与仁义风范的商人。

买办商人周宗良

茶叶、生漆两项，为徽州著名特产。徽州商人经营茶叶、生漆的人，几乎遍布全国各大城市，或专营茶业，或专营漆业，或两项兼营。在全国来说，漆商首推徽帮，次为赣、鄂两帮。而歙县周邦头村的周友仲和周宗良乃是徽帮漆商之佼佼者。本文所要介绍的周宗良，是旧中国上海滩上的著名外商买办。他从1910年担任谦信洋行买办开始，到1945年德孚洋行结束止，先后任多家德商洋行买办，长达三十五年之久，为德国染料操纵中国市场竭尽力量，并因此成了顶尖豪富，且向金融界渗透，与江浙财团和官僚资本合作，组成银团，还担任中国银行董事和中央银行理事，成为商业买办与官僚买办结合的典型。

从译员到买办

周宗良，1876年出生于浙江宁波，又名亮，字良卿，安徽歙县昌溪乡周邦头村人。父亲虽是一位牧师，却经营着一家漆店，小有资财。少年的周宗良就读于耶稣教会学校斐迪中学，离校后进宁波海关工作，业余师从洋税务司夫人学习英语，并常与海关外籍职员接触交谈，学得一口流利的英语。几年后，便转入德国爱礼司洋行宁波经销行美益颜料号任译员。当时在中国经营染料的德国洋行有谦信、礼和、禅臣、元亨等数十家，竞争激烈。有一年，谦信洋行大班轧罗门从上海到宁波调查销售情况，请周宗良担任译员。数天里，周宗良殷勤接待，才华敏捷，深得轧罗门赏识，为日后的发展打下了基础。

上海洋行

聪明的周宗良在美益颜料号虽仅任译员之职，却颇留意染料在宁波地区的销售情况和进口染料的使用性能。所以不久，他就自谋发展，既与人合资开设通和纱厂，又独资开设谦益顺号，兼营染料和土产。但因资金不足而告终，不得不于 1905 年到上海另谋出路。

这时，上海的德国谦信洋行买办姜炳生身体多病，却还兼另两家洋行买办，难以全面应付繁忙的业务，于是谦信洋行急需物色一个人来协助工作。来到上海的周宗良闻知，即托人介绍，到姜的买办间做跑楼的事。不料一天竟与轧罗门相遇，于是机不可失，周宗良就在谦信洋行干了起来。他为谦信开展业务奔波于全国各大城市，采用拜访、送礼、请客等方法，与当地颜料号、染厂、棉布号的老板联络感情，了解市场各方面情况及业务往来形式等，还详细介绍谦信的商品特色，指导使用方法，并针对客户不同要求，采取赊销优待、提高销货回扣、适当降低售价等多种贸易方式，以利于谦信与其他洋行的竞争。经过周宗良的努力，谦信业务大幅度增长，而且账款都能如期收回，他经手的客户也越来越多。轧罗门对他更加赏识，有了以周宗良取代姜炳生的打算。到1910年某月，轧罗门就示意姜让贤，姜只得辞职。周宗良遂在瑞康颜料号经理贝润生的担保下担任了谦信洋行买办。

出任总买办

1914年，第一次世界大战爆发，在中国的外商纷纷回国，德商大班轧罗门也急于离开上海。谦信在当时已是在华最大的德商洋行，有许多不动产和数量浩大的栈存染料。轧罗门担心产业遭受战争损失，遂与周宗良密商，将谦信不动产的户名改由周出面，委他隐匿保管，栈存染料也折价赊归周所有。周宗良自然完全接受。后因战火未曾燃烧到中国，谦信洋行的财产未受损失，而周宗良因掌握谦信全部栈存染料，成了染料业巨擘；又由于大战期间德国染料来源断绝，价格猛涨，周宗良因此发了大财，一跃而成上海豪富。

大战结束后，一些德商洋行相继复业。轧罗门因国内需要而改由魏白兰来华继任大班。魏到沪后，周宗良将谦信财产重新返回，又把开始所赊之染料货款如数付清。轧罗门获知后，对周宗良极为感激，除继续聘请周宗良担任谦信买办外，还关照魏白兰器重周，于是周宗良在谦信洋行内地位格外突出。此时，周宗良想包销谦信业务中分量最重的靛青业务，但此项业务一向由瑞康与咸康两家颜料号合伙组织的谦信靛油公司包销。周宗良想染指，却无法插手。1920年前后，瑞康与咸康发生矛盾，咸康退出，周宗良乘机入股，并将谦信靛油公司改组为谦和靛油号，谦信各地分公司也相应改为谦和分号。谦和总资本额为一百四十万两，共分二十股，瑞康号占股最多，其老板贝润生担任经理，周宗良任副经理，但周负责实际业务。

周宗良为管理方便，把谦和总号迁至谦信洋行内，同时在全国增设推销机构，把分支机构分为三级，第一级是各省的大城市分号，先后设立了芜湖、天津、西安、汉口、长沙、苏州、蚌埠、南昌，宁波、福州、重庆等十七处，下面还有二级支号、三级经销店、代销店，组成了广泛的销售网，从而奠定了周宗良的实力地位。1924 年，德国一些主要染料企业，既想再度控制中国市场，又想在欧美各地与他国竞争，遂联合组织了托拉斯集团——大德染料公司，并在中国成立独家经理行——德孚洋行，把所有在沪德商洋行中的染料业务，全归德孚洋行集中经营。因谦信在德商业务中地位领先，所以魏白兰担任德孚大班。德孚洋行下有五个买办，周宗良因是谦信买办，又与魏白兰关系特殊，而且谦和号有庞大的销售网，因而周宗良成了德孚洋行的总买办。

打出“周宗记”招牌

担任德孚洋行总买办的周宗良，成了德国染料在华的总推销人，更是大展身手。他先后为德孚洋行在武汉、长沙、济南、青岛、天津、重庆等大城市建立了分行，还为自己主持的谦和号竭力在各地发展销售点，支号由原先的几十个猛增至二百余个，资本额也由一百四十万两增至二百九十万两。他还兼任了谦信机器公司和拜耳药厂的买办。当时，上海和一些大城市的一批印染厂、染坊直接向德孚采购染料，因德孚对这些客户感到信用度不够，皆须现货现款交易，但很多厂商资金短缺，要求现货赊销。为解决这个问题，周宗良于 1930 年独资设立了“周宗记”颜料号，此后各地谦和分号也挂上“周宗记”分号招牌，这样，德孚洋行就把这类贸易用现货现款方式同“周宗记”交易，然后由周宗记加上一定利润转赊给各厂商。既解决了问题，为德孚拉住了客户，又为自己开辟了一条生财之路，还利用周宗记网点兼营自己代办的汽油灯、机械设备和药品等洋货。如此，德国染料在与英、美、法等国的竞争中取得优势，年销量占进口总量的 60% 以上，基本操纵中国染料市场。周宗良也在如此操作中积累了巨额财富，购买许多德孚股票，当上该洋行董事，成为颜料买办中的权威和豪富中的显贵。

德孚洋行旧址

1945 年，第二次世界大战以德国和日本战败而结束，德孚洋行因此歇业清理，周宗良也脱离了该洋行。

周宗良脱离了德孚洋行，但他前后担任德商洋行买办有三十五年之久，并以此积累了巨大财富，据行内估计，此时周宗良的资财有四百万美金，约合法币一千万元。

投资金融及其他行业

周宗良是一位眼光颇远的商业巨子。当他积累了一定资财后，就有了把财富中的很大一部分转为财团资金的打算。他觉得，当颜料来源断绝时，巨额资金需要出路；而参加财团既有利于找到资金的稳妥出路，又可借财团关系，结识豪门，提高自己社会地位。

1921年，浙江地方实业银行官商合股，商股为增强自己的优势，竭力拉拢社会豪富入股，作为颜料业的巨子之一的周宗良，便成了被拉拢的对象。而周宗良正为自己资金寻找出路，于是果断地投入股金二万元。1923年，该行官商股份分立，官股称浙江地方银行，商股称浙江实业银行。周宗良担任了浙江实业银行的董事。后来又任中国垦业银行董事。1927年，宋子文为中央政权向金融界征集资金，在浙江实业银行总经理李馥荪的介绍下，周宗良又以雄厚资金先后当上中国银行董事和中央银行理事；后还因购买了相当数额的国民政府二五库券，而任国民政府公债基金保管委员会委员，从此，周宗良的足迹常出现在金融界。1928年，周宗良又把目光投向工商业。他曾将承押的官办杭州电气局买下，改组为杭州电公司，以五千万股金成为主要股东；又以五十万元股金投资汉口既济水电公司。他还在周宗记之外

民国期间中国实业银行发行的货币

独资经营宗泰进出口行、镇东机器厂；与人合资信余汽灯号、如生罐头食品厂、宁波恒孚钱庄。他还投资公司组织的中兴轮船公司、康元制罐厂、公和纺织厂、振丰毛纺织厂等。

然而投资工商业所用的，还仅是周宗良的小部分财产。他主要的资金出路是购买外汇、黄金，及数量相当的德国工厂的股票。他还在上海购买了福建中路聚源坊、天津路泰记弄、金陵东路德顺里、宝庆路住宅等房地产。此外，他也从事一些公益事业，曾捐款给德国人办的宝隆医院；抗战初，在江宁路开办一所伤兵医院，并是红十字会的创办人之一。1930 年冬，年过半百的周宗良偕同堂侄、周氏另一位大漆商周友仲，返回原籍歙县故里周邦头，会宗祭祖，倡修族谱。

1948 年 6 月，周宗良从广州到了香港，且已把大部分财产转到国外，南美、瑞士、联邦德国都有他的产业。1957 年，这位徽州籍的买办商人在香港病故。

上海宝庆路 3 号周宗良故居